Bitte Badeschuhe mitbringen ...

Bitte Badeschuhe mitbringen…

Iris Schuster

Impressum

Iris Schuster
An der Bundesstr.25
29614 Soltau
www.irisschuster.de

Copyright: Iris Schuster
Jahr: 2021

ISBN: 9789403643205

Lektorat Heidi Fröhmert
Illustrationen: Mit freundlicher Hilfe von PX
Covergestaltung: Iris Schuster
Weitere Mitwirkende:

Verlagsportal: Bookmundo

Gedruckt in Deutschland
Die Deutsche Nationalbibliothek verzeichnet diese Publikation in der Deutschen Nationalbibliografie.

Google kennt sich aus

Seit mehr als 15 Monaten hält uns Corona, also SARS-CoV-2, nun in Atem. Das oberste Gebot der Virologen: Hände waschen, Hände waschen und noch mal Hände waschen. Nach jedem Einkauf, Besuch in der Stadt nach der Schule, nach der Arbeit, überhaupt nach jedem Kontakt: Hände waschen und Maske, ja Maske tragen, das muss auch sein. Das nervt zwar unentwegt, ist aber notwendig. Abstand halten ist mindestens ebenso wichtig. .

Diese 3 Eckpfeiler sind der beste und sicherste Schutz vor diesem Virus. Wenn man sich die Ansteckungszahlen und die Todesfälle ansieht, kann man auch richtig Respekt bekommen vor diesem Ungeheuer Corona.
Aber halt, nicht alles ist gleich Corona oder tödlich. Man bekommt schon Angst, wenn man nur hustet oder niest. Nicht nur, dass man selbst verrückte Gedanken hat. Auch die unmittelbar neben uns stehenden Nachbarn fühlen sich genötigt, größeren Abstand herzustellen. Sie weichen nicht nur aus, sie springen förmlich zur Seite, um der tödlichen

Gefahr auszuweichen. Mich selbst kann ich da nicht ausnehmen.

Als ich eines Morgens einen leichten Reiz im Hals spürte, dazu noch trockenen Husten bekam, habe ich sofort das Fieberthermometer zu Hand genommen und es dort hingesteckt, wo es am genauesten seine Arbeit verrichten kann. 35,6 °C zeigte das Gerät. Das sorgte für leichte Entspannung.
Trotzdem habe ich auf Anraten meiner Lebensgefährtin Google befragt. Zu meinem Erstaunen stelle sich heraus, dass eben gerade mal 25 % der Covid 19-erkrankten Fieber und lediglich 40 % Husten und Schnupfen haben.
Da aber auch meine Haut an ein paar Stellen rot verfärbt war, habe ich vorsichtshalber meine Liste an Symptomen erweitert und Google bis an seine Grenzen strapaziert.
Es trat Fürchterliches zutage. Neben einem respektablen Hautkrebs hatte ich auch noch eine Leberzirrhose und eine beginnende Angina Pectoris. Erschütterung machte sich in mir breit.

Sofort habe ich in der Notrufzentrale angerufen. Dem freundlichen Herrn erklärte ich gleich, dass es schlecht um mich stehen würde und der

Hautkrebs meine Leber bereits in Zirrhosen zersetzt hätte. Ich bat um schnelle Hilfe, weil ich nicht wusste, wann die zu erwartende Bewusstlosigkeit einsetzen würde.

Meine Lebensgefährtin habe ich gebeten, mir das Nötigste zusammenzupacken und meinen Kindern Bescheid zu geben.

Wenige Minuten später hörte ich schon die Sirenen des Notarztwagens. Nach kurzer Untersuchung meiner Vitalfunktionen und Feststellung meiner Transportfähigkeit wurde ich mit tatütata ins Krankenhaus verfrachtet.
Nach eingehender Untersuchung wurde ein mächtiger Sonnenstich diagnostiziert und ich konnte das Krankenhaus wieder verlassen.

Wenn Google nicht gewesen wäre, hätte ich nie etwas von meinem Sonnenstich erfahren.

Sprachlos, jung und dumm

Wie in jeder Partnerschaft gab es auch bei uns ab und an Auseinandersetzungen. Meist waren Kleinigkeiten der Auslöser, lang schlummernde Verärgerungen in einer Bombe platzen zu lassen.
Wieder einmal hatte ich längst ausstehende Arbeiten am Haus unterlassen. Ich hatte einfach keine Lust. Durch meinen stressigen Job und die vielen Überstunden war ich ständig müde und kaputt. Das Dach sollte seit einem Jahr gerichtet werden. Bei Starkregen lief stellenweise Wasser über die Kante der Regenrinne die Hauswand entlang und tropfte auf die Aluminiumfensterbank. Das verursachte ein mörderisches Geräusch, das unheimlich auf die Nerven ging.

»Kannst du das nicht mal endlich richten? Soll das noch lange so weitergehen?« Wetterte meine Partnerin und schickte gleich noch hinterher: *»Es ist immer das Gleiche mit Dir. Um alles muss man betteln.«*
Bei Frauen ist sofort immer. Was aber nur bedeutet, dass es ihr wichtig ist. Das heißt dann eben „immer".

Es ist wie mit meinen Schuhen, die ich vor ein paar Tagen im Hausgang stehen ließ. Ich wollte nur kurz ins Wohnzimmer etwas holen, dabei den Teppich nicht beschmutzen; also ließ ich die Schuhe im Hausgang stehen.
Schon kam ein: *»Immer lässt Du Deine Schuhe stehen, wo du sie gerade ausziehst, kannst du sie nicht aufräumen?«* Daraufhin wurde ich etwas lauter: *»Hör endlich auf Dich wie eine Schulmeisterin zu benehmen, du gehst mir richtig auf die Nerven mit dem ewigen Geheule.«*

Was dann kam, war eine laute, nicht so lustige Tirade. Ich war so sauer, dass ich tagelang kein Wort mehr mit ihr sprach.
Wenn sie mich etwas fragte, ging ich in mein Büro und ließ sie stehen. Auf Zärtlichkeiten verzichtete ich und vermied jede Art von Körperkontakt. Ich schlief sogar in der Wohnstube. Ich wollte ihr damit sagen, dass ich auf keinen Fall mit ihrem Verhalten einverstanden war.

Nach einigen Tagen fand ich auf meinem Schreibtisch einen Zettel meiner Freundin. Darauf stand: *Du musst Dich nicht so anstellen wegen eines kleinen Streits.*

Ich nahm den Zettel, knüllte ihn zusammen und warf ihn in den Papierkorb. Jetzt schrieb ich eine Nachricht: *Das war kein kleiner Streit, sondern sehr unfair von Dir.*
Am nächsten Tag fand ich wieder ein Schreiben: *Was soll das eigentlich, soll das so bleiben?*
Wieder knüllte ich den Zettel zusammen und warf ihn in den Abfall.
Ich schrieb ihr folgende Nachricht:
Auf jeden Fall so lange, bis Du Dich entschuldigt hast. Die nächsten zwei Tage blieben die Nachrichten aus.
Als ich am folgenden Tag nach Hause kam, lag ein Schreiben auf der Fußmatte:
Bitte weck mich um 18 Uhr. Ich habe mich etwas hingelegt und möchte noch einkaufen gehen.
Oh, dachte ich, sie versucht jetzt auf diese Weise Kontakt herzustellen. Wenn ich sie wecke, müsste ich sie ja berühren. Ich hatte sie sonst immer mit Küsschen aufgeweckt. Das ging gar nicht. Es würde mein Vorhaben, sie zur Vernunft zu bringen, durchkreuzen.
Also schrieb ich eine Notiz und legt sie auf ihren Nachttisch, darauf stand:

Steh bitte auf, es ist 18 Uhr.

Der suspendierte Kaffee

Bei einer Reise nach Neapel, die ich 1994 für meinen damaligen Verlag und Arbeitgeber machte, hatte ich ein wunderbares Erlebnis. Ich war von meinem Kunden, einem deutschen Buchhändler, der in Neapel eine Buchhandlung betrieb, in ein Café eingeladen worden.
Ein Café oder einfach nur eine Bar ist in Italien eine Institution. Eine Einrichtung, in der man sich gern täglich trifft, um zu kommunizieren, Freundschaften zu pflegen und Neuigkeiten auszutauschen. Wir unterhielten uns über die Schönheit Napolis und die Affinität meines Geschäftspartners zu Italien. Als der Kellner an den Tisch kam, bestellte er zwei Caffè Macchiato. Das ist der zweitbeliebteste Caffè Italiens und wird aus einem Espresso mit aufgeschäumter Milch hergestellt.
Neben den zwei Caffé Macchiato bestellte er auch noch 2 Caffé sospeso. Auf meine Frage, was das sei, sagte er nur: *»Warte ab, vielleicht bekommst du es noch mit.«* Ich war erstaunt, und natürlich auch neugierig, was das sein könnte. Wir waren gerade in einer spannenden Unterhaltung über den Vesuv (Vulkan), der als Monument der Angst über Neapel thront und

von jedem Punkt der Stadt zu sehen ist. Da betrat ein Mann, der sehr ärmlich aussah, das Café. Er fragte den Kellner, ob er vielleicht einen Caffé sospeso hätte.

Diese Geste der Wohltätigkeit erfand man in Neapel um das Jahr 1900. Wohlhabende Bürger bezahlen im Voraus einen Caffé oder auch ein Mittagessen für jemanden, der es sich nicht leisten kann.
Solches Handeln würde die Reichen und Wohlhabenden in aller Welt auch noch heute besser aussehen lassen.

Die Zettel (Wirtschaft)

Meine Stammkneipe besuche ich 2-3-mal die Woche. Dort versammelt sich immer eine illustre Gesellschaft verschiedenster Kulturkreise. Man trifft sich. Klönt, erfährt, was im Kiez so los ist. Wo gebaut wird. Wer was gerade macht oder auch nicht. Wer wo arbeitet oder gerade nicht. Wer sich einen neuen Pkw gekauft hat, der dann immer der Beste ist, den er je hatte. Jemand macht dich darauf aufmerksam, dass du in einem schlechten Fitness-Center trainierst, weil ja das eben eröffnete viel besser sei. Meistens ist auch jemand da, den man schon lange kennt und einen herzlich in die Arme nimmt.
Das ist wichtig, wenn man allein lebt. So richtig herzhaft in die Arme genommen werden.
Bei mir steigert es das Wohlbefinden enorm und gibt mir das Gefühl, nicht allein zu sein auf der Welt.
Bei einem meiner Besuche fiel mir auf, dass unsere Wirtin überall kleine gelbe Zettel an die Wand geklebt hatte. Als ich sie darauf ansprach, meinte sie: *»Ohne diese Zettel wäre ich ganz schön aufgeschmissen. Das kann ich mir gar*

nicht merken, was da den Tag über auf mich einströmt. Der eine will dies, der andere das.«

»Von dir habe ich auch einen Zettel hier hängen. Darauf habe ich vermerkt, dass du am 28.12. Geburtstag hast und Kartoffelgerichte liebst. Wenn du an deinem Geburtstag kommst, serviere ich dir Kartoffeln mit einer herrlichen Thüringer Bratwurst.«

Irgendwie hat mich das berührt, dass meine Wirtin festgehalten hat, wann ich Geburtstag habe und dass ich Bratwurst mit Bratkartoffeln liebe.

Da ich selbst sehr vergesslich bin und mich ständig darüber ärgere, Termine zu verpassen, ging ich auf dem Nachhauseweg zu meinem Schreibwarenhändler und besorgte mir kleine Klebezettel in verschiedenen Farben.

Gelb, Rot und Grün wie eine Verkehrsampel. Grün sollte für nicht bedeutsame Dinge sein. Geburtstage von nicht so gut bekannten Leuten oder Hinweise, die zwar wissenswert, aber eben nicht wichtig sind.

Gelb dagegen sollte auf Dinge aufmerksam machen, die ich auf keinen Fall vergessen durfte.

Rot waren sofort anstehende Termine. Arztbesuche oder Amtsgeschäfte. Ich begann sofort die ersten Zettel auszufüllen und an den

Türpfosten zu kleben. Silkes Geburtstag, grünes Papier oder gelbes? Na ja, eigentlich war sie nicht so wichtig, kümmerte sich wenig um unsere "Freundschaft".
Rief nie an und meldet sich auch an meinem Geburtstag nicht. Bei Gesprächen am Telefon war sie stets kurz angebunden. Selten ging unsere Unterhaltung über ein Hallo und wie gehts hinaus. Also eher grüner Zettel. Jetzt schrieb ich auf ein grünes, nicht so bedeutungsvolles Papier: 4.8. Silke Geburtstag und klebte ihn an den Türrahmen. Ich füllte weitere Zettel aus: wichtige, nicht so wichtige und sehr wichtige. Ein bunt marmorierter Türrahmen war das Endergebnis meiner Arbeit. Voller Stolz ging ich gegen 22 Uhr zu Bett und schlief mit der Gewissheit ein, niemals mehr einen Termin zu verpassen.
Da ich nicht mehr in den Arbeitsprozess eingebunden war und jeden Tag früh raus musste, hatte ich auch sehr viel Zeit, Dinge zu vergessen. Das hört sich unglaublich an, ist aber so.
Man schlenderte gelassen durch den Tag und unternahm, was einem Spaß machte. Ein Arzttermin oder ein Termin beim Steuerberater gehörten nun mal nicht dazu.

Ich stand gegen 8 Uhr auf und kochte mir erst mal Kaffee. Während die Maschine lief, sah ich mir meinen Türpfosten an. Ich bewunderte die roten, gelben und grünen Zettel, die dort nebeneinander und untereinander klebten. Dann wollte ich sehen, was heute so zu tun war. Als ich die Zettel durchging, stellte ich fest, dass sie gar nicht nach Datum sortiert waren. Sie klebten wild durcheinander am Türpfosten.
Auch der Vermerk von Silkes Ehrentag, grün, nicht so wichtig, fiel mir auf. Ich dachte noch mal darüber nach und erinnerte mich daran, dass Silkes Mann mir bei einer Renovierung behilflich gewesen war. Er bot an, jederzeit für mich da zu sein, wenn ich technische oder handwerkliche Hilfe benötigte. Dies veranlasste mich, sofort einen roten Zettel mit dem Geburtsdatum von Silke auszufüllen und an den Türpfosten zu heften. Keinesfalls dürfte man diesen Geburtstag vergessen. Wo es heute so schwierig ist, einen Handwerker zu bekommen.
Also, Silke grün weg, Silke rot an den Pfosten. Ich verbrachte nun 30 Minuten an meiner Türe, um die Zettel nach Datum zu sortieren. Jetzt ergab es einen noch bunteren Türpfosten, was mich aber nicht störte.
Nein, ich war zufrieden ob meiner bürokratischen Administration. Was für ein

gutes Gefühl, etwas Sinnvolles geleistet zu haben!

Am Vormittag besuchte ich meine Stammgaststätte. Ich erzählte stolz von meiner Zettelwirtschaft und dass ich jetzt den totalen Überblick über meine Termine hätte. Eigentlich noch besser organisiert wäre, da ich mich für eine Ampellösung entschieden hatte. Meine Wirtin bemerkte noch: *»Du musst nur jeden Abend an Deine Zettel gehen und nachsehen, was am nächsten Tag ansteht, dann ist das sicher eine gute Lösung gegen Vergesslichkeit.« »Das denke ich auch«,* bestätigte ich und trank meinen Kaffee.

Meine Wirtin nahm eine Notiz von der Pinnwand und griff zum Telefon. Sie bestellte bei ihrem Händler 5 Kartons "Bitter Lemon", legte den Hörer auf und warf den erledigten Zettel in den Papierkorb. *»Siehst du, so mach' ich das seit Jahren. Vergessen tu' ich selten was«,* flüsterte sie mir zu.

Ich lächelte sie an, bezahlte meinen Kaffee und verließ das Lokal.

Immerhin hatte ich drei gelbe Zettel in meinen Geldbeutel geklebt, um sie noch am Vormittag zu erledigen. Schuhe für eine Freundin zum Schuster bringen, mich um eine Packstation

kümmern und Äpfel besorgen. Drei Dinge, die leicht zu erledigen waren.
Als ich am Mittag nach Hause kam, war ich etwas müde vom Laufen in der Stadt, aber sehr stolz, als ich meinen Türpfosten beim Eintritt in die Wohnung ansah. Alles machte so einen aufgeräumten Eindruck. Ich konnte bereits die ersten Zettel wegwerfen. Es freute mich, die Botengänge erledigt zu haben.

Jetzt konnte ich ein wenig der Muse frönen, etwas lesen und mich um meine Blumen auf der Dachterrasse kümmern. Ein Telefonat mit meiner besten Freundin und Partnerin bestätigte mir noch ein weiteres Mal, genau richtig zu liegen mit meinen bunten Papierchen. Sie freute sich besonders über meine Aktivität. Wir telefonierten mehr als eine Stunde und während des Dialoges kam es zu fünf neuen Zetteln. Nach unserem Gespräch ging ich die bunten Helfer durch, um meine Erledigungen für den nächsten Tag zu überarbeiten. Zunächst die roten Zettel, es gab für den nächsten Tag keinen. Also auch keinen Termin, den ich versäumen könnte. Ein gelber Zettel wies mich darauf hin, rechtzeitig auf rote Zettel zu wechseln, wenn ein Datum nicht mehr als 2 Tage bevorstand.

So überprüfte ich auch die Datumsnotizen auf den gelben Zetteln. 15 Minuten hatte ich nun damit zu tun, gelbe Zettel in Rote zu wandeln. Was für eine blöde Idee.

Irgendwie hatte ich viel Arbeit damit, ständig die Zettel zu kontrollieren und umzuschreiben. Auch manch grünes Funktionspapier musste in ein gelbes verwandelt werden, weil sich der Adressat der Notiz im Nachhinein als wichtig herausstellte. Was für eine verrückte Zettelwirtschaft! Ich fühlte mich richtig überschwemmt von den Notizaufklebern.

Jetzt begann ich die grünen und die roten Zettel in gelbe umzuschreiben. Eine einheitliche Regelung war doch besser und verschaffte mir mehr Überblick. Also noch einmal 30 Minuten, um alle Zettel umzupolen.
Das erschien mir sehr aufwendig und zeitraubend, sodass ich wieder meinen alten Kalender auskramte und alle Termine dorthin übertrug.
Das kostete mich noch eine weitere Stunde.
Ich musste jeden Zettel nehmen und in den Kalender übertragen.

Anschließend hatte ich auch noch meinen Türrahmen zu putzen, um die Spuren vom Klebstoff zu entfernen.
Dumm anstellen kostet Zeit. Das war mir eine Lehre. Jetzt war ich zufrieden und konnte wieder durchatmen. Endlich eine Regelung, die funktionieren würde.
Großartig die Idee dem Kalender. Warum ich ihn abgeschafft hatte? Ich wusste es nicht.
Altbewährtes sollte man eben nicht umstellen.
Im Kalender war alles nach Datum sortiert. Für dringliche Termine gab es die Möglichkeit des Unterstreichens oder Einkreisens. Manchmal ist man eben völlig neben der Spur, erkennt die einfachsten Lösungen nicht.
Seit ich einen Kalender benutze, habe ich noch keinen Termin versäumt. Als ich am 28.12. zufällig in meine Stammkneipe kam, um meinen Geburtstag zu feiern, brachte die Wirtin, ohne mich gefragt zu haben, einen Teller mit Bratkartoffeln und einer Thüringer Bratwurst.

»Alles Gute zum Geburtstag«, sagte sie und wünschte guten Appetit.

Die Blumenkennerin

Schon längst fällig und absolut von mir gewollt, war wieder mal ein Blumenstrauß für die liebste Freundin aller Zeiten. Corona hatte es lange verhindert, weil die Blumenläden geschlossen hatten und ich neben einer guten Ausrede den Anspruch hatte, nicht unbedingt im Supermarkt Blumen zu kaufen.

Jetzt hatte ich aber die Gelegenheit und betrat voller Freude den Blumenladen. Ich sah mich zwischen den vielen bunten Blumen in Vasen und Töpfen um. Nach kurzer Zeit wurde ich von einer Floristin angesprochen. Freundlich fragte sie mich, ob sie behilflich sein könnte. Für wen ich denn Blumen kaufen wollte. Was ich mir vorstellte und wie viel der Strauß kosten dürfte. Ich zeigte ihr ein Foto auf meinem Handy, das ein Insekt auf einer Blüte darstellte. *»Sehen Sie die Grille?«* Sagte ich und zeigte auf die Blume, auf der das Tierchen saß.

»Solch schöne Gerbera hätte ich gerne.« »Das sind Ringelblumen«, sagte sie. *»Na ja, dann eben Ringelblumen, und noch ein paar von den großartigen Gänseblümchen.« »Sie meinen sicher die Margeriten. Ja, die sind wunderschön.«* Ich stutzte und sagte: *»Ja, genau Margeriten.«*

Natürlich ärgerte ich mich wieder einmal, keinen blassen Dunst zu haben, wovon ich sprach. Ich bin eine große „Naturwissenschaftliche Tieffliegerin". Ich habe von Blumen so viel Ahnung wie eine Ringelnatter vom Stricken.
Geschlagen geben wollte ich mich aber dennoch nicht und steuerte eine Vase mit herrlich gelb blühenden Tulpen an. »*Von diesen Tulpen geben sie auch noch zwei dazu«,* flüsterte ich vorsichtig. »*Wenn es sie nicht stört, dass es Narzissen sind, gebe ich gerne zwei dazu.«*
Die Verkäuferin schmunzelte und versteckte ihr Lächeln hinter meiner Zusammenstellung falsch erkannter Schnittblumen. »*Sonst noch was? Vielleicht eine kleine Rote dazu wegen der farblichen Komposition?«*
Jetzt hatte ich sie und war mir sicher, endlich eine fachliche Bestellung hinzubekommen. *»Ja von den Osterglocken noch 3 dazu.« Sagte ich.*
»Ja gerne. Wir sagen bei uns Freesien dazu, aber die Blumen wird das nicht stören und sie haben keinesfalls irgendeinen Verlust ihrer Schönheit deswegen.« Nun gingen wir mit dem professionell zusammengestellten Strauß zur Ladentheke, damit er von der Blumenfachfrau gebunden werden konnte. *»Noch etwas Grün hinein?«* Bot sie an. *»Ja bitte, von dem herrlichen*

Efeu,« stotterte ich vorsichtig und wartete auf die lehrreiche Antwort meiner Floristin.
Sie lächelte mich an und meinte.
»Es ist wunderbar glänzender Lederfarn.«
Ich bezahlte 15,90 €, nahm den Strauß entgegen und sagte:
»Ja, mit Tieren kenne ich mich besser aus.« Sie wünschte mir noch einen schönen Tag und meinte mit einem freundlichen Lächeln:

»Die Grille auf ihrem Foto ist übrigens eine Libelle.«

Heidi, die Wespen und ich

Weil der Sommer 2021 schon in seinen Anfängen dramatisch heiß war, suchten Heidi und ich ständig nach schattigen Plätzen, um in Ruhe Kaffee zu trinken, zu lesen oder uns zu unterhalten.

Während ich in der Küche den Kaffee kochte, lief Heidi ums Haus, um den kühlsten Ort für unsere gemeinsame Pause zu finden. Als wir nun in der schattigsten Ecke saßen und plauderten, sah Heidi einen alten, langen Wildledermantel vor meiner Werkstatttür hängen. Sie sprach mich darauf an, ich wollte lustig sein und den alten Kaftan kurzerhand anziehen.

Ich nahm ihn vom Haken, breitete ihn aus und wollte in den Ärmel schlüpfen. Da flogen auf einmal eine ganze Menge Wespen um mein Gesicht. Alarmierendes Gesumme um mich herum.

Heidi stand erschrocken auf. Sie rief: *»Iris, die nisten in deinem Mantel, häng ihn wieder zurück!» Das* tat ich liebend gerne.

Ich verhielt mich ganz ruhig, um die Tiere nicht zum Stechen zu animieren. Mit Heidis Hilfe gelang es mir, Ruhe in den kleinen Schwarm zu bringen. Wir setzten uns beide wieder und beobachteten die anfliegenden Nestbewohner. Anscheinend kamen sie über den Ärmel in den Mantel.

Heidi fand auf dem Boden den Teil einer Wabenkonstruktion. Bei genauerer Betrachtung waren es keine Waben, aber eine Art Geburtskammer junger Wespen. Man sah ganz deutlich kleine Larven und deren Bewegungen. Heidi ist sehr tierlieb und erkannte sofort, dass der Wespennachwuchs in größter Gefahr war. Sie legte die vermeintliche Kinderstube auf einen erhöhten Platz vor den Schuppen, um Kucki unsere Katze davon fernzuhalten.

Wir beobachten beide das faszinierende Schauspiel, das nun begann. Mindestens zwei Wespen waren ständig dabei, nach den Larven zu sehen. Sie flogen wild um das "Kinderbett" herum und versuchten sogar die gesamte ca. 4 × 4 cm große Larvenkammer samt der Brut wegzuschleppen. Was ihnen aber nicht gelang.

Wir wussten beide, dass die Larven so nicht lange überleben würden.

Ergriffen von dem Leid, das wir den Wespen angetan hatten, öffneten wir ein zweites Mal den Mantel. Heidi entdeckte eine Stelle des Wespennestes, aus der die Larvenkrippe

gefallen sein musste. Wir nahmen das lädierte "Kinderbett" und fügten es genau dort wieder ein. Jetzt galt es zu warten. Nach wenigen Minuten stellten wir fest: Die Wespen kommen wieder über den Ärmel in ihr Nest. Im Zuhause der Insekten war wieder Ruhe eingekehrt.
Zwei Tage danach öffnete ich ganz vorsichtig den Mantel und sah, dass die Larven noch lebten.

Das freute uns beide schon sehr.

Hilfe, die Smombies kommen

Smombie, das Jugendwort des Jahres 2015.
Jetzt werden Sie sich fragen, was ist das, ein Smombie. Dazu ist zunächst einmal zu sagen: Smombies sind blind. Smombies hören fast nichts. Smombies haben stets einen zum Boden geneigten Kopf. Smombies sind allwissend. Smombies können einen Umkreis von mehreren Hundert Metern in wenigen Sekunden mit einem gefährlichen Anti-Kommunikationsvirus anstecken, der jegliche Unterhaltung im Keim erstickt. Nicht-Smombies werden dann in einem Scan-Verfahren registriert und als nicht systemrelevant einfach von der Liste ihrer "**Very I**mportant **P**ersons" gestrichen.
Smombies leben aber auch gefährlich. Sie sind ständig der Gefahr ausgesetzt, im Straßenverkehr überrollt zu werden. Unaufhaltsam gehen sie ihren Weg, ohne einmal den Kopf zu heben oder in ihre Umwelt zu blicken. Dumbwalker (Dummläufer) nennt man sie deshalb im englischen Sprachraum. Nicht beachtend die Natur, schöne Ausblicke oder Sehenswürdigkeiten, gehen sie stur und im Stechschritt ihren Weg. Sie überrollen dich,

wenn du nicht aufpasst, denn sie können dich nicht sehen, nicht hören. USA, China, Belgien und jetzt auch Litauen haben bereits Smombie-Straßen angelegt. Eine Laufspur für Handynutzer, ähnlich einem Fahrradweg.

Köln, Frankfurt und Augsburg haben Bodenampeln und Lichtstreifen für Handynutzer eingeführt, um das Unfallrisiko zu senken.

Wage es nicht, ohne Handy auf dieser Spur zu laufen. Solltest du überrollt werden, sind jegliche Ansprüche auf Entschädigung schon von Gesetzes wegen zum Scheitern verurteilt.

Smombies nehmen keine Rücksicht. Sie haben das gesamte Wissen der Welt in der Hand. Unterhaltung nicht nötig, nachfragen nicht erforderlich.

Die nächste Pizzeria? Das Handy weiß es. Der Weg zu McDonalds? Das Handy kennt ihn. Der günstigste Preis für ein neues Smartphone? Das Handy kennt ihn, bringt dich auf die Page des Händlers, bestellt und bezahlt. So macht es den User noch unabhängiger von den sozialen Strukturen, die sich der Mensch in Jahrhunderten aufgebaut hat.

FoMO, the Fear of missing out, zu Deutsch "die Angst, etwas zu verpassen", grassiert auf der ganzen Welt. Eine Interaktion aus den sozialen

Netzwerken, ungewöhnliche Ereignisse, man muss auf dem Laufenden bleiben.
Die "Nomophobie" greift um sich. Die Angst, kein Mobiltelefon mehr zu haben. Keinen Kontakt zu den sozialen Netzwerken, keine neuen Informationen zu erhalten.

Wikipedia schreibt dazu:
Typische Verhaltensweisen können sich in Ängsten, depressiven Stimmungen oder Nervosität äußern, die durch die ungewollte Abstinenz hervorgerufen werden. Darüber hinaus zeigt sich Nomophobie unter anderem in dem Drang nach dem Handy sowie in Stress, Schweißausbrüchen, Zittern, Herzklopfen oder Panik im Falle einer Unerreichbarkeit oder eines ausgeschalteten Mobiltelefons. Um den Verlust der Erreichbarkeit zu vermeiden, tendieren Nomophobiker dazu, ihr Mobiltelefon gar nicht erst auszuschalten, es nah bei sich zu tragen oder gar ein zweites Telefon anzuschaffen.

Ich schaffe mir sofort ein zweites Auto an, eine zweite Spülmaschine, eine zweite Mikrowelle, einen zweiten Kühlschrank, eine zweite ...
Einen Scheiß werde ich tun! Wenn etwas kaputt ist, gebe ich es zur Reparatur.
Noch eine nette Geschichte aus den 80er-Jahren. Urlaub, Campingplatz, Klappfix.

Wir waren in Caorle, Italien am Mittelmeer. Entspannte Nachbarn, viele Kinder und Zeit, das zu tun, was man gerne tut: wandern, lesen, ausgedehnt frühstücken, gute Gespräche mit der Partnerin, den Kindern oder den Nachbarn. Die immer auf einen Schnack Zeit hatten.
Man tauschte sich aus, erfuhr viel Neues und bekam den einen oder anderen Tipp für den Urlaub, frühstückte lange und las Zeitung.
Eines kannten wir noch, nämlich so viel Anstand, die Zeitung niederzulegen, wenn der Nachbar kam, um einen Witz zu erzählen oder einfach darum bat, das Radio leiser zu stellen. Was wir dann auch taten. Respektvoll, ohne aufeinander böse zu sein.
Dann lasen wir wieder in der Zeitung, was irgendwann auch ein Ende nahm.
Wieder zu Hause waren wir erholt und gingen mit Freude unserer Arbeit nach bis zum nächsten Urlaub.
Gestern, das war der 27.7.2021, ging ich mit meiner Freundin über einen Campingplatz in der Lüneburger Heide. Wohnwagen an Wohnwagen. Ein wunderbarer Badesee, großartige Abendstimmung. Wetter zum Grillen, Federball spielen, lesen.
In jedem Vorzelt saßen 2–4 Urlauber. Mit geneigten Köpfen, nicht beachtend die

Mitmenschen, die da gingen. Zuweilen die Hand von links nach rechts bewegend. Manchmal schnell tippend, Texte für die weite Welt da draußen.
Keine Regung, kein Familienidyll. Kalte, digitalisierte Wirklichkeit. Gefühle Ade.
Und dann geschah es.
Welch ein Wunder, da saß eine Gruppe Menschen zusammen, die sich lustig und ausgelassen unterhielt. Ich bekam sogar ein Lächeln zurück, als ich hinsah und schmunzelte.
Als ich zu der Gruppe hinging, sagte ich:
»Haben Sie es schon bemerkt? Sie sind die einzigen Menschen hier, die kein Handy in der Hand haben.«
Die Antwort war niederschmetternd:
»Ja leider, der Akku ist leer.«

Oh, wie schön war die Zeit!

Offenes Geheimnis

Deutsche Sprache, schwere Sprache?
Offenes Geheimnis. Na, was jetzt, offen oder geheim? Was für eine verrückte Wortkombination.
Ein Paradoxon der deutschen Sprache. Manchmal lustig und ab und zu gar nicht zum Lachen. „Offenes Geheimnis“ können wir das so stehen lassen?
Wir sollten dafür eine „Ausnahmeregel“ haben. Wie jetzt Regel oder Ausnahme? Vielleicht eine „Einzelfallregel“; was ja wieder so ein Oxymoron ist. Der Widerspruch in sich ist das Entstehen einer echten „Hassliebe“ zu solchen Wörtern.

Mein Nachbar, wir bewohnen zusammen eine „Doppelhaushälfte“, ist bereits ein „Alter Knabe“. Er hat einen im Garten stehen. Einen „riesengroßen Gartenzwerg“.
Herr Schleeborn, so heißt er, ist schon 94 Jahre alt und sieht blass aus. Wie eine „Lebende Leiche“. Er selbst sagt, er hatte einen Lebensmittelladen. Das war für ihn der „Himmel auf Erden“. Er arbeitete gern, liebte

die Menschen und zählte sich selbst zum „Bürgeradel“.
Herr Schleeborn hatte schon in den 80er-Jahren angefangen, „Soja-Frikadellen“ zu verkaufen. Viele seiner Kunden waren „eingefleischte Vegetarier“. In seinem Schaufenster stand ein „kleines Riesenrad“, das abends mit „Schwarzlicht“ angeleuchtet war.
Jedes Jahr zu Weihnachten ließ er eine „Holzeisenbahn“ in die Auslage stellen. Er sagte, er hätte fast alle Menschen in der Siedlung zur Kundschaft gehabt und viel Geld verdient.
Als die ersten Supermärkte öffneten, fuhr ein „stummer Schrei“ durch ihn, das Geschäft ging bergab. Er konnte sich mit einem „Entschuldungskredit“ noch 3 Jahre halten.
Das nennt man „Minuswachstum“. Heute ist er ein „bankrotter Millionär“ und wünscht sich oft „zurück in die Zukunft“.
Er hat das Ganze in einer „Selbsthilfegruppe“ verarbeiten können.
Ja, das ist die „Bittersüße Wahrheit". „Schön schrecklich“ diese Geschichte, oder?
Ich wünsche mir, dass Deutsch im Abi ein „Wahlpflichtfach“ wird!

Lustige Oxymora:
Busbahnhof
Einzelfallregel
Feuerwasser
Fleischkäse
Frauenmannschaft
Friedenspanzer
Furchtbar angenehm
Handschuh
Hassliebe
Hörbuch
Trauerfeier
Trockeneis
Wonneschmerz
Fehlende Anwesenheit
Frommer Atheist
Gastwirt
Kleines Wunder
Kleine Menge
Arbeitsurlaub
Der Klang der Stille
Stahlwolle
Papierhandtuch
Friedliche Eroberung
Originalkopie
Unvoreingenommene Meinung

Herr Schleeborn

Schatz, wir müssen reden

Dieser Satz kann einem Mann den Schauer über den Rücken jagen, besonders, wenn er ein Beziehungsgespräch wittert und reden soll.

Reden ohne Handlungsaufforderung, ohne Logik. Er weiß, dass jetzt eine ganz bestimmte Antwort erwartet wird, ist aber gar nicht in der Lage, die Frage zu verstehen. Für ihn ist alles in Ordnung. Geheime weibliche Botschaften sind für einen Mann wie ein Buch mit sieben Siegeln. Wenn er versucht, zu erahnen, um was es gehen könnte, hat er schon so viele verbale Beziehungskiller abgesetzt, dass die gute Stimmung nicht mehr zu retten ist.

Unter Männern wird Klartext gesprochen, direkt und unverblümt. Verschlüsselung ist da nicht erforderlich. Frag' einen Freund, wo er seine Schuhe gekauft hat. Er wird es dir sagen, nämlich genau wo und was er bezahlt hat. Frag' deine Frau: *»Schatz, wo hast du deine Schuhe gekauft?«* Sie wird antworten: *»Wieso, gefallen sie dir nicht?«*
Männer sind grob, tragen ungeschliffen Lack auf Holz und wundern sich, wenn es plötzlich

anfängt zu blättern, die Beziehung Risse bekommt.

Meine Freundin stand vor dem Spiegel und fragte: »*Macht mich das Kleid dick, mein Schatz?*« Meine ehrliche Antwort*: »Es ist nicht das Kleid, das dich dick macht.«*

Das reichte für 3 Wochen Museumsruhe in unserem Haus.

Frauen wollen nett sein, ihrem Partner nicht wehtun, deshalb wird vieles verblümt und verschlüsselt.

Sie plaudern, weil sie die Beziehung pflegen. Lass uns reden, bedeutet oft nur, ich vermisse dich, oder ich möchte dir nah sein.

Eines Tages, ich war gerade in einer sehr glücklichen Lebensphase und frisch verheiratet. Der Urlaub stand an und da ich wusste, dass meine Frau gerne nach Italien fahren würde, buchte ich 2 Wochen in einem netten kleinen Hotel in Caorle. Damit wollte ich sie überraschen. Dabei hatte ich mich finanziell etwas übernommen und unser gemeinsames Konto leicht überzogen. Sorgen machte ich mir deswegen keine. Ich hatte gut verdient und bis zum Urlaub waren definitiv noch 2 Monate. Bis dahin hätte ich das Konto wieder ausgeglichen. Ich war glücklich darauf, für meine Familie etwas Gutes getan zu haben.

Drei Wochen vor unserem anstehenden Urlaub, ich hatte meine Frau noch immer nicht eingeweiht, da fing sie plötzlich an, sich komisch zu benehmen.
Sie stand schon morgens mit Übelkeit auf und klagte ständig über Ziehen in der Brust. Sie war unausgeglichen und leicht streitsüchtig. Manchmal war sie so gereizt, dass schon ein Wort reichte, sie auf die Palme zu bringen.
Die Sache war mir unheimlich. Vor lauter Sorge sprach ich mit meiner Schwiegermutter darüber. Nach kurzer Überlegung kam diese zur einzig möglichen Ursache: *»Schwanger, sie ist schwanger, ihr bekommt Nachwuchs! Ich werde mit ihr reden«,* murmelte sie noch und ließ mich mit den Neuigkeiten im Treppenhaus stehen.
Natürlich freute ich mich riesig. Wir würden Nachwuchs bekommen, endlich eine kleine Familie sein. Alles schien so zu laufen, wie es sich für eine glückliche Ehe gehörte. Das musste jetzt in allen Planungen berücksichtigt werden.

Als meine Frau nachmittags von der Arbeit nach Hause kam, sah ich schon vom Balkon aus, dass sie Einkäufe aus dem Auto lud und sprang schnell die Treppe hinab, um ihr beim Transport der Lebensmittel behilflich zu sein. *»Was ist denn in dich gefahren, es sind doch nur*

2 kleine Tüten«, sagte sie und schüttelte erstaunt über meine übertriebene Hilfe, den Kopf.
Ich trug die Tüten hoch und bat sie, sich erst einmal zu setzen, um sich etwas auszuruhen.
Sie schüttelte wieder den Kopf und wunderte sich über mein fürsorgliches Verhalten. Sie sagte mir aber nicht, was mit ihr los ist. Ganz im Gegenteil, sie hüllte sich in Schweigen und ging ohne weitere Worte ihrer Hausarbeit nach. Dennoch war ich gut gestimmt. Ich dachte darüber nach, dass sie eventuell mit der "Frohen Botschaft" ausharren wollte, bis sie Gewissheit hatte.
Vielleicht wartete sie auf den Geburtstag ihres Vaters, um ihn zu überraschen. Er würde Großvater werden. Ja, so wird es sein, redete ich mir ein und machte mir weiter keine großen Sorgen. Sie war schließlich schwanger und das wissen Männer auch: Frauen sind dann nicht immer „Frau" ihrer Sinne.
Ich fing an, in Gedanken das leer stehende Zimmer einzurichten, das für den Fall einer Geburt als Kinderstube vorgesehen war. Am nächsten Tag machte ich mich nach der Arbeit auf den Weg zum Möbelhaus und sah mir Kinderzimmer an. Ich war so in Vaterfreuden, dass ich bereits einen Plan des Zimmers dabei

hatte, um ein ungefähres Budget für die Anschaffung der Möbel aufzustellen. Die Kindermöbel waren so putzig und vermittelten allein beim Ansehen schon ein so behagliches Gefühl, dass ich kurzerhand eine Bestellung aufgab.

Neben einem Gitterbett und einem Kleiderschrank bestellte ich noch einen Wickeltisch und reichlich Spielzeug für den Nachwuchs. Schließlich sollte es unser Baby richtig schön haben.

Natürlich ging ich fest davon aus, dass es ein Dreikäsehoch wird. Zwar alle Möbel in neutralem Creme bestellt, doch die Hoffnung, dass es ein Junge wird, blieb.

Da ich in einem Möbelhaus einkaufte, das alle Artikel auf Lager hatte, konnte ich die Einrichtungsgegenstände ein paar Tage später selbst abholen.

Jetzt musste ich nur noch einen Tag Urlaub nehmen, um die Fracht unbemerkt ins Haus zu schaffen, wenn meine Frau zur Arbeit war. Der freie Tag war kein Problem und so schaffte ich es mühelos, die Sachen ins Haus zu bringen und aufzubauen. Es sah großartig aus. Stolz wie Bolle schloss ich die Kammer ab und legte den Schlüssel unter meine Matratze. Meine Frau

betrat das Zimmer zwar nicht oft, aber für den Fall der Fälle; na ja, Sie wissen schon.
Als sie von der Arbeit nach Hause kam, sagte sie zuerst kein Wort außer Hallo und warf mir dabei ein Lächeln zu.
Das war im Vergleich zu den letzten Tagen schon eine sehr ausgelassene Geste.
Ich saß am Schreibtisch und schrieb. Meine Frau kam in die Wohnstube und sagte in einem forschen Ton: *»Ich habe frischen Kaffee gemacht, kommst du Schatz, wir müssen reden.«*
Oh, da war sie, diese angsteinflößende Bedrohung, diese Ehemänner zerberstende, abwurfbereite Handgranate!
Wir müssen reden, Schatz. Was gleich kam mit: So geht es nicht weiter mit dir, oder ich habe keinen Bock für dich immer...
Für Frauen ist ja "ständig" gleich "immer". Das Wort selten gibt es gar nicht und manchmal haben sie ganz aus ihrem Wortschatz gestrichen.
Aber vielleicht wollte sie mir die "Frohe Botschaft" mitteilen, dass wir ein Kind bekommen. Jetzt war ich gespannt, was da wohl auf mich zukommen würde!
Ich eilte in die Küche und schenkte uns Kaffee ein. Wir sahen uns lange in die Augen und keiner sprach auch nur einen Ton.

Bis es mir zu dumm wurde und ich anfing zu reden: »*Wolltest du mir nicht irgendetwas mitteilen? Oder habe ich da was falsch verstanden?*« Kurzes Aufatmen der Ehegattin, fauchende Gesprächseinleitung:
»*Ich muss leider feststellen, dass du nichts verstanden hast, mein Lieber. Wir hatten besprochen, dass wir darüber reden, wenn einer von uns eine größere Summe vom Konto abhebt. Vor 6 Wochen sehe ich auf den Auszügen, dass 1500 DM vom Konto fehlen. Was hast du damit gemacht? Spielst du heimlich im Casino? Hast du eine Freundin - oder was ist los mit dir?*«
Sie wurde immer lauter. Ich verlor nun die Nerven und ging ins Wohnzimmer, stellte den Fernseher an und ignorierte ihre Rufe aus der Küche. So hatte ich sie noch nie erlebt.
Jetzt setzte sie zum nächsten Angriff an. Ich hörte, wie sie das Kaffeegeschirr zusammenklapperte und mit Schwung ins Spülbecken knallte.
Im Militärschritt schoss sie auf das Wohnzimmer zu. Ihr Blick verriet deutlich, sie würde bis zum Äußersten gehen, um Klarheit zu bekommen.
Dann stand sie vor mir, riss mir die Fernbedienung aus der Hand und fing an zu weinen.

»Seit Tagen habe ich Magenschmerzen und Übelkeit wegen der Sache. Ich kann nicht mehr richtig schlafen und mache mir Sorgen um unsere Zukunft.«

Ich brauchte einige Minuten, um zu realisieren, dass meine Frau gar nicht schwanger war. Noch mehr Zeit benötigte ich dafür, sie wieder zu beruhigen.

Als meine Frau verstand, dass ich das Geld für unseren Urlaub ausgegeben hatte und sie damit überraschen wollte, löste sich ihre Aufregung und wir fielen uns in die Arme. Jetzt musste ich mit der Sprache raus. Ich hatte definitiv noch mal 1400 DM für die Kinderstube ausgegeben und das Konto noch mehr belastet.

Als sie jedoch das Kinderzimmer betrat und die schönen Möbel sah, wurde ihr warm ums Herz und sie befahl mit Nachdruck:

»Wir müssen reden Schatz ab ins Bett. Wir wollen Nachwuchs machen!«

Der verlorene Vater

28 Jahre meines Lebens verbrachte ich im Allgäu. Die Nähe zu den Bergen und die liebenswerte Landschaft um Kempten bot genügend Anreiz zum Wandern, Fahrradfahren, Skifahren und vieles mehr.

Natürlich hatte ich mir auch einen kleinen Freundeskreis aufgebaut. Einer dieser Freunde war Hermann.

Er arbeitete damals in einem Lokal in der Stadt. Ich spielte in dieser Gaststätte im Dart Klub. So haben wir uns kennengelernt. Wir spielten zusammen Dart und Billard. Er war ein exzellenter Billardspieler und hat es mir beigebracht.

Manche Wochenenden verbrachten wir zusammen mit unseren Frauen und Kindern.

Unsere Partnerinnen waren lange Zeit vor uns schon befreundet. So eine Freundschaft bringt es mit sich, dass man früher oder später mehr über die Biografie eines Menschen erfährt.

So wusste ich auch, dass Hermann der Nachkomme eines GI war, also eines US-Soldaten, der bei der US-Armee in Kempten stationiert war. Er hatte noch einen Bruder, Thornton, der in Berlin lebte und eine

Schwester, die irgendwo im Württembergischen wohnte und Lehrerin war.
Es dürfte so Anfang der 90er-Jahre gewesen sein. Hermann war sehr unglücklich darüber, seinen Vater nicht zu kennen. Alle Bemühungen, etwas von seiner Mutter darüber zu erfahren, verliefen in einer Sackgasse. Sie wollte einfach nichts Näheres dazu preisgeben. Vielleicht war es die Enttäuschung darüber, dass der Vater ihrer Kinder wieder in die USA zurückbeordert wurde. Hermann selbst sprach nicht über Einzelheiten, sondern wurde aktiv. Er suchte seinen Vater über den Suchdienst des Roten Kreuzes.
Eines Tages kam er endlich mit einer Erfolgsmeldung. Hermann hatte seinen Vater ausfindig gemacht. Er erzählte, dass er Kontakt aufgenommen hatte und nun auf Antwort hoffte.

Ich werde nie seine leuchtenden Augen vergessen, als er mir davon berichtete. Es dauerte nicht sehr lange, bis es dann endlich so weit war.
Hermann hielt einen Brief seines Vaters in Händen. Sicherlich hat er seine Tränen nicht zurückhalten können. Wer Hermann kannte, der wusste, dass er ein sehr feinfühliger Mensch

ist. Ich kann mich daran erinnern, was er erzählte. Sein Vater wohnte in Atlanta. Und das Wichtigste, es ging ihm gut.

Wenige Wochen später erreichte ihn dann die Meldung, sein Vater kommt nach Kempten.
Für Hermann war es ein ergreifendes Gefühl. Jetzt galt es, alles gut vorzubereiten.
Nichts wurde dem Zufall überlassen. Sein Vater sollte sich wohlfühlen in Kempten, der Stadt, die Hermanns Heimat geworden war. Es war auch ein Besuch in unserem Garten geplant. Wir hatten ein Lagerfeuer hergerichtet.
Für den amerikanischen Tross wurde ein Grillfest organisiert.
Der Vater kam nicht allein. Er brachte, soviel ich noch weiß, eine Cousine von Hermann mit und einen ebenfalls betagten Herrn. Zu meinem Erstaunen war die komplette Reisegesellschaft wesentlich älter, als wir sie einschätzten. Und alle fit und gesund. Es wurde ein lustiger Abend, der bis in die späte Nacht andauerte. Ich hatte lange nicht mehr so einen Spaß. Der gediegene amerikanische Herr hatte eine herzliche Art zu erzählen. Er sprach langsam in seiner Heimatsprache, sodass wir ihn gut verstehen konnten. Zwischendurch mit Händen und Füssen.

Ab und zu kamen ein paar deutsche Sprachfetzen Allgäuer Herkunft. Das sorgte für ein lebendiges und unterhaltsames Zusammentreffen mit seinen Söhnen. Ich glaube, auch Thornton aus Berlin, den ich schon länger kannte, war mit von der Partie. Wir haben gegessen, getrunken, gelacht und erzählt. Es war hinreißend. Und plötzlich stupste mich der alte Herr aus Atlanta an und sagte im Allgäuer Dialekt:
»Hosch du no a bier für mi?«

Lieber Hermann,
wenn du diese Geschichte liest, verzeih mir, wenn sich Fehler in Namen oder Zeiten eingeschlichen haben. Es ist einfach verdammt lange her. Für mich aber noch heute eine Geschichte, die ich nie in meinem Leben vergessen werde. Ich danke dir, dass ich es miterleben durfte. Ich würde mich freuen, wenn du etwas hören lassen würdest.

Reine Kopfsache

Vor einigen Jahren hatten wir mit unseren Stammtischmitgliedern einen Wandertag geplant. Es sollte aufs Rubihorn gehen. Hoch über Oberstdorf auf 1957 m Höhe liegt der Gipfel des Rubihorn. Etwa auf 1500 m über dem Meer befindet sich, eingebettet in die herrlichen Allgäuer Alpen, der Gaisalpsee. Ein glasklarer Bergsee, der selten mehr als 10 hat. Eine wunderbare Erfrischung für des Wanderers geplagte Füße, Blick auf Gämsen inklusive. Wir trafen uns in Reichenbach, wo wir unsere Tour beginnen wollten. Da einige unerfahrene Bergwanderer dabei waren, besprachen wir am Parkplatz noch einige Regeln und Verhaltensmaßnahmen. Das Rubihorn ist nicht die leichteste Tour, jedoch mit konstanter Fitness und gesundem Menschenverstand gut zu bewältigen. Michi, ein Zweimetermann mit sportlicher Figur und immer großer Klappe, hatte einen Rucksack gepackt. Einen Tornister, der eher für die Besteigung des Mount McKinley passend gewesen wäre. Nach Aussortierung von 30 Meter Berg-Seil, einem Zweimannzelt, Millet Everest Schuhen, einem Schlafsack und mehreren Paar Trekkingsocken

hatte der Rucksack ein annehmbares Gewicht erreicht. Die Gruppe setzte sich in Bewegung und kam gut voran.
Natürlich bleibt es in solcher Gesellschaft nicht aus, ab und zu stehen zu bleiben, über den herrlichen Blick auf das Nebelhorn zu sprechen, Pflanzen und Tiere zu beobachten. Ein schöner Tag im Kreise von Freunden lag vor uns. Das erste Etappenziel war der Berggasthof Gaisalpe, ungefähr 350 Höhenmeter unterhalb des Gaisalpsee. Michi schwächelte, hatte Angst, die Tour nicht zu schaffen. Wir waren jetzt 90 Minuten unterwegs und er hatte Schweißausbrüche. Vielleicht ein Zeichen von Höhenangst. *»Das ist alles reine Kopfsache«,* beruhigte ich ihn.
»Du musst langsamer laufen und regelmäßig atmen, geh' einfach als Erster und bestimme das Tempo.«
Die Wege waren zum Teil sehr eng und abgründig. Da ging es schon mal 200 Meter abwärts.
Ich machte mir zunächst keine Gedanken. Michi hatte gutes Schuhwerk und einen festen Tritt. Bis zum Berggasthof waren es nur noch wenige Minuten und dann kam erst mal eine längere Pause, die wir alle sehr genossen. Ein paar Witze gehörten auch dazu.

Nach einer Stunde starteten wir zum nächsten Etappenziel Gaisalpsee. Ich sprach noch einmal mit Michi, um sicherzugehen, dass er selbst bestimmt weiterläuft. Meine Vorfreude auf den See, den Blick auf die Rubihorn-Spitze und die Gämsen war riesig.

Michi hatte ich ganz aus den Augen verloren. Die Gruppe war mit zehn Leuten nicht gerade klein. Schließlich möchte man sich auch gern mal mit den einzelnen Freund*innen unterhalten. Kurz vor dem See, man konnte ihn schon sehen, ist Michi abgestürzt. Ich sprang sofort zurück, um nach ihm zu sehen.

Er war auf einem Schotterweg abgerutscht,
lag etwa 50 Meter tiefer. Mit einem Seil um den Bauch und von zwei Kameraden gesichert, kletterte ich zu ihm hinunter. Michi war schon wieder auf den Beinen und war sichtlich erschrocken.

Nach ein paar Minuten später konnten wir Michi hochziehen und Entwarnung geben. Außer ein paar Abschürfungen am Ellenbogen war nichts zu sehen. Michi meinte, das könne er locker wegstecken.

Wir hatten nach dieser Aktion einen wunderbaren Aufenthalt am Gaisalpsee. Etwa die Hälfte der Gruppe machte die Tour zur Spitze des Rubihorn.

Nach zwei Stunden ging es wieder zurück Richtung Reichenbach, unserem Startpunkt.
Kurz vor dem Parkplatz, Michi lief vor mir, sah ich, dass er am Hals blutete.
Nach genauerer Betrachtung stellten wir eine Kopfplatzwunde fest, die unter den Haaren zunächst nicht zu sehen gewesen war. Wir nahmen es mehr oder weniger gelassen und brachten den „Großen“ ins Krankenhaus zum Nähen.
Er lächelte mich an, ich meinte:

»Ich hab dir ja gesagt, alles reine Kopfsache.«
Wir lachten beide über diesen doch noch "Schönen Wandertag."

Bitte Badeschuhe mitbringen

Wir hatten mit einer befreundeten Familie zwei Ferienwohnungen an der Costa Brava gebucht. Es sollte ein ruhiger, erholsamer Urlaub werden. Vier Erwachsene und vier Kinder in zwei Autos. Jeder von den Erwachsenen hatte einen Führerschein. Wir konnten uns beim Fahren abwechseln und sahen keinen Grund zu fliegen oder mit dem Zug zu fahren. Der Weg führte uns von Kempten aus durch die Schweiz nach Grenoble, weiter nach Montpellier runter bis zur Costa Brava, was so viel bedeutet wie wilde Küste.

Die Reiseunterlagen versprachen einen tollen Urlaub. Ein kleiner Ort mit aufstrebender Tendenz und einem "kurzen-fünf-Minuten-Weg" zum Meer.

Von einer breiten Strandpromenade und einem Naturstrand war die Rede.

Das hörte sich alles toll an. Wir waren bester Laune. Die befreundete Familie erwies sich als sehr unkompliziert, sodass wir viel Spaß zusammen hatten. Die Kinder schliefen während der Fahrten zwischen den Pausen meist ein.

Gegen 11 Uhr vormittags kamen wir an. Wir luden unser Gepäck aus und bezogen unsere Feriendomizile. Die Kinder waren ganz begeistert bei der Sache.

Im Vorhof gab es ein großer Spielplatz. Als wir alles verstaut hatten, unternahmen wir erst einmal einen Ausflug in den Ort. Ein Tross, bestehend aus vier Erwachsenen und vier Kindern, machte sich auf den Weg.

Hinter der Ferienanlage führte eine kleine Straße direkt dorthin. Nur die Gasse wollte nicht enden. Die Kinder fragten alle 2 Minuten, wie lange wir noch zu gehen hätten und wurden mit der Zeit ungeduldig.

Auch für die Erwachsenen wurde der Marsch langsam anstrengend. Es war heiß, um die 34 °C.

Wir hatten 12 Stunden Fahrt in den Knochen und keine Lust mehr weiterzulaufen. An einer Haltestelle hatten wir dem Fahrplan entnommen, dass in wenigen Minuten ein Bus auf der Bildfläche erscheinen würde, kommen sollte, kommen könnte. Aber er kam nicht. 40 Minuten warteten wir in der heißen Sonne. Dann in weiter Ferne ein Bus! Wir trommelten die Kinder zusammen, die in der Nähe spielten.

Wie die Zinnsoldaten standen wir an der Haltestelle, um endlich in den Bus zu gelangen.

Ich ging vor zum Fahrer und kaufte vier Fahrkarten für die Erwachsenen. Dann zeigte ich auf unsere Abkömmlinge. »*Niño nada*«, Kinder kosten nichts, vermittelte uns der sympathische Chauffeur mit beiden Händen abwinkend, schloss die Türen und fuhr ab.
Es war eine stickige Luft in dem Gefährt. Außer uns saßen auch mehrere Spanier im Bus. Es waren Katalanen, Bauern aus der Region.

Im Dorf war Markt gewesen. Sie hatten Hühner, Kaninchen und anderes Getier in Holzkäfigen dabei. Es war laut und stank erbärmlich.
Neben mir hatte man eine kleine Ziege am Griff des Sitzes festgemacht. Sie meckerte die ganze Zeit. Ich kam mir vor wie im 16. Jahrhundert. Hätte ich nicht gewusst, dass ich in einem Bus sitze, ich wähnte mich eher in einer Kutsche.

Vor lauter Aufregung bemerkten wir erst nach vier Haltestellen und 15 Minuten, dass wir uns von unserem Zielort entfernten. Wir fuhren in die Pampa, waren auf dem Weg in ein katalanisches Bergdorf. Die Strecke führte immer steiler hoch in die Berge über dem Meer. Ehrlich gesagt, die Aussicht war beeindruckend. Genauso überwältigend war aber auch das

Gesicht meiner Frau und der mitreisenden Freunde.
Es war bitterernst, aber das Lachen über unsere eigene Dummheit konnten wir uns nicht verkneifen.
Im ersten Dorf stiegen wir aus und da standen wir nun, vier ratlose Erwachsene. In einem katalanischen Kaff, 400 Meter über dem Meer mit vier Kindern, die nicht verstehen wollten, warum es hier keine Eisdiele mit Stracciatella- und Nusseis gab.
Mitten im Dorf stand ein großer Baum mit Bänken. Er bot unseren Kindern und Frauen Schatten, während ich mich mit meinem Freund Wolfgang auf den Weg machte, eine Möglichkeit für die Rückfahrt in unseren Ferienort „Estartit" zu finden. Wir klopften an zig Türen, wurden aber nicht einmal wahrgenommen. Die Leute hielten Siesta, zogen sich bis 18 Uhr zurück, um der Sonne zu entgehen. Zudem wohnten in den Bergdörfern meist nur ältere Menschen.
Sie schliefen während der Siesta, ruhten sich aus, ließen sich nicht von ein paar Touristen stören, die versuchten ihr Dorf einzunehmen.
Es schien aussichtslos und wir machten uns nicht nur auf den Weg zu unseren Familien, sondern auch mit dem Gedanken vertraut, die

gefährliche Bergstrecke mit den Kindern zu Fuß zurückzulaufen.

Als wir zurück zu unseren Familien kamen, staunten wir nicht schlecht. Sie saßen alle im VW Bulli eines Gemüsehändlers. Irgendwie hatten sie es geschafft, ihn mit Händen und Füßen zu überreden, uns ins Tal zu bringen. Sicherlich haben die Kinder dabei eine Rolle gespielt und Mitleid erzeugt.
Egal, eine halbe Stunde später waren wir wieder sicher in Estartit angekommen. Jetzt gab es Eis für die Kinder und Cerveza für die Großen.
Und noch ein Cerveza und noch eins …
Für den Rückweg zur Feriensiedlung nahmen wir ein Taxi und mussten feststellen, dass der
"Fünf-Minuten-Weg" zum Strand", wie im Prospekt stand, ein fünf-Minuten-Weg mit dem Auto war. Zu Fuß, mit den Kindern und dem ganzen Badegedöns auf jeden Fall nicht zu machen.
Der „aufstrebende Ort“ bescherte uns jeden Tag tosenden Baustellenlärm.
Da stand auch „ruhige Lage“. Das hieß nichts anderes, als dass wir ein paar Kilometer in den Ort hatten und für jede Windel und jedes Eis

das Auto nehmen mussten. „Mit Meerblick", den hatten wir aber nur auf den Hafen.
Die „Breite Strandpromenade“ war nur so breit, weil zwischen Geschäften und Strand eine vierspurige Straße war, die uns jeden Tag das Fürchten lehrte, wenn wir sie mit den Kindern überqueren mussten.
Der angekündigte „Naturstrand“ war wirklich ein natürlicher Strand. Voller Dreck und Algen. Dazwischen Bierdosen und Glasscherben, an denen sich eines der Kinder den Fuß zerschnitt.

Ach, es stand ja auch im Prospekt:
"Bitte Badeschuhe mitbringen"...

Hobby-Taucher verursacht Unfall

Es war in den 80er-Jahren in Kempten. Ich besuchte mein Lieblingseiscafé.
Der Juniorchef des Hauses war Hobbytaucher. Er erzählte enthusiastisch von seinem neuen Sportequipment, das er sich unlängst zugelegt hatte. Die Rede war von Tragekomfort, Temperatur und Gleitfähigkeit beim Anziehen. Die Stammtischgemeinschaft wusste nicht, wovon er sprach.
Ein paar Minuten später kam Dietmar, so hieß er, mit seinem alten Taucheranzug nebst Flossen und Maske an unseren Tisch. Er bot die Sportutensilien zum Verkauf an: »*Wenn ihr hört, dass jemand die Absicht hat, mit dem Tauchen anzufangen, diesen Anzug verkaufe ich.«* Ich fragte, ob ich ihn anziehen könnte. Ich wollte einfach mal das Gefühl erleben, in so einem "Gummigefängnis" zu stecken. Er reichte mir den Taucheranzug nebst Flossen, Brille und Schnorchel, dann zog ich mich in einen kleinen Nebenraum zurück. Ich benötigte eine halbe Stunde, bis ich mich in das Gummizeug gezwängt hatte. Normalerweise macht man es nass, bevor man es anzieht. Diese Möglichkeit hatte ich im Eiscafé nicht.

Nun trat ich vor den Stammtisch und löste eine heitere Reaktion aus. Ich hatte ein Gefühl von Enge und absoluter Machtlosigkeit, denn Bewegungsfreiheit ist etwas anderes. Die Angebote meines Stammtisches reichten von Froschmann bis hin zu Alien, was es wohl am ehesten traf. Denn im Gesamtbild war ich eine höchst skurrile Erscheinung.

Wir hatten 30 °C im Schatten und befanden uns mitten in einer Einkaufsmeile. Ich zog noch Flossen und Tauchermaske nebst Schnorchel an und ging auf die Straße. Ich lief über eine kleine Gasse, die Fassade von C&A entlang und dann wieder zurück ins Eiscafé.

Vor dem Haupteingang von C&A blieb ich stehen.

Ich weiß nicht, was die Leute dachten. Vielleicht ein Werbegag des Bekleidungsriesen, der auch Sportartikel anbot? Oder ein Taucher der Feuerwehr, die sich ganz in der Nähe befand?

Als ich kurz vor dem Eiscafé war, sah mir eine Autofahrerin nach. Sie drehte ihren
Kopf nach mir um, als ich längst an ihr vorbei war und fuhr gegen einen Laternenmast. Dabei zerbeulte sie ihre Stoßstange und zertrümmerte einen Scheinwerfer.
Mir tat zwar unheimlich leid, dass dies passierte. Grundsätzlich aber gilt: Verkehrsteilnehmer haben die Pflicht, eine Gefährdung anderer Verkehrsteilnehmer auszuschließen.

Dies gilt selbstverständlich nicht für Hobby–Taucher!

Heidi und das Wetter

Meine Freundin Heidi, lange schon Wetter.com Userin und ambitionierte Naturliebhaberin, hat fast stündlich ihr Smartphone in der Hand. Den Blick nach oben gerichtet, prüfend und mit Sachverstand stellt sie fest:

Wetter.com liegt **mal** wieder falsch.

Wochenende, Sonnenschein oder vielleicht Regen? Was unternehmen? Lohnt sich der Gang in den Volkspark oder vielleicht eher in ein Museum? Wasche ich das Auto oder wasche ich es nicht? Brauch' ich einen Regenschirm, oder sollte ich lieber den Sonnenhut aufsetzen?
Da gibt es professionelle Hilfe. Stündlich neu, nicht unbedingt stündlich richtig, aber immerhin stündlich neu.
Wetter.com oder Wetter.de oder, oder, oder …
1000 Möglichkeiten, sein Smartphone zu befragen. Regenradar ist das Zaubermittel für die neuesten Wetterbewegungen. Wer steckt dahinter? Meteorologen nennt man die Wetterfrösche von ARD und ZDF, aus dem Internet oder dem Radio. Studierte Akademiker, deren Studium nur dann sinnvoll erscheint, wenn das Wetter auch das tut, was der Herr Meteorologe voraussagte.

Nur das Wetter selbst weiß nicht immer, was es zu tun hat. Es sorgt immer wieder für Überraschungen. Feuerwehren pumpen regelmäßig vermeintlich leichte Niederschläge aus den Kellern. Es scheint, als ob der Herr Meteorologe als Wahrsager nicht taugt und nun beim Wetter eingestiegen ist.
Es wäre aber gemein, alles den Meteorologen in die Schuhe zu schieben. Eine präzise Vorschau ist nicht mehr möglich. Auch nicht für drei Tage. Meist stimmt es nicht mal für die nächsten drei Stunden. Der Klimawandel hat Auswirkungen und wer ihn heute noch abstreitet, ist ein Narr.
Als Kinder haben wir für das schöne Wetter unsere Teller leer geputzt.
Was haben wir heute, dicke Kinder und Hitzewellen. Das Wetter spielt verrückt. Eure Frühlingsgefühle könnt ihr erst mal auf Eis legen, weil wir seit Jahren den Dezember aus dem April prügeln müssen. Und dann ist es wieder so bedrohlich, dass man glauben könnte, das Wetter sei jetzt auch aus Afrika zu uns geflüchtet. In Heidis (meine Lebenspartnerin) Dachwohnung ist es so heiß wie nie. Letzte
Woche sind 2 Hobbits vorbeigeflogen und haben den "Ring des Feuers" reingeworfen. Zusätzliche Isolierung, staatlich gefördert, sorgt

für regelmäßige 30 °C, Abkühlung erst während der Nacht.
Verrückte Zeiten sind angebrochen. Petrus ist wahrscheinlich eine Frau in den Wechseljahren. Aber Spaß beiseite.
Es ist höchste Zeit zu handeln. Wir sind alle verantwortlich. Die Wetterfrösche können nichts dafür. Die Bürger und die Politik sind gefordert. Jeder hat die Verantwortung, seinen Beitrag dazu zu leisten.
Wir haben schon damit angefangen, essen weniger Fleisch. Kaufen kein Plastik mehr und fahren da, wo es möglich ist, mit den Öffentlichen.
Und wir gehen zu den Wahlen, um unsere Demokratie zu erhalten. Und um nicht auch noch politisches Unwetter zu erzeugen.

Das Komma hat das Sagen

Seit der Grundschule quäle ich mit bestimmten Satzzeichen. Meist ist es einfach nur mein Schreibfluss, der mich daran hindert, darüber nachzudenken. Leider muss ich auch gestehen, dass ich gerade beim Komma immer wieder in dieselbe Falle tappe.

Ausrufezeichen und Fragezeichen sind da relativ leicht zu lernen und verlangen nicht sehr viel Einfühlungsvermögen in die Textstruktur. Natürlich gibt es heute "Duden-Mentor", das„LanguageTool" und Hunderte andere Hilfsmittel. Man sitzt aber nicht immer am Computer, sondern schreibt auch mit der Hand unterwegs Notizen für die Firma. Wie peinlich, wenn jemand aus der Chefetage die Notizen in die Finger bekommt und es fehlen die wichtigsten Kommata.

Fehler in der Groß- und Kleinschreibung können auch verheerend sein. So hat es verschiedene Bedeutungen, wenn man schreibt: Die Spinnen oder die spinnen. Oder auch: Der Gefangene floh oder der gefangene Floh. Nur ist diese Art von Fehlern im Vorlesemodus nicht sofort zu erkennen.

Würde man aber auf einen guten Vorleser treffen, könnte man schon erhören, dass

Kommafehler auch schlimme Folgen haben können:
Es ist schwierig für meinen Liebsten, einen Ersatz zu finden. Oder: Es ist schwierig, für meinen Liebsten einen Ersatz zu finden.
Da kann ein falsch gesetztes Komma Krisen auslösen.
Wir hatten in unserer Partnerschaft so manchen Entschluss zu fassen und meist schrieb jeder für sich die Vor- und Nachteile zu anstehender Entscheidung auf ein Blatt Papier.
Darunter ein Fazit. Meine Freundin schrieb:
Ich will, er nicht. Ich aber schrieb: *Ich will sie nicht.*
Ich hatte nur das Komma vergessen, dadurch aber die Vertrauensfrage zur Beziehung gestellt.
Wir entwickeln uns zu Handy- und Computer Menschen, die nicht mehr selbst denken. Diskussionen ohne einen sicheren Begleiter wie Wiki oder Google finden gar nicht mehr statt.
Ich halte es für bedeutungsvoll, an den grammatischen Grundsätzen des Duden festzuhalten. Er verkommt sonst zum Wörterbuch der Aussprache.

Ja, Schüler haben es nicht leicht. Wenn auch mein Lehrer mal an die Tafel schrieb:
Lehrer sagen, Schüler haben es gut.
Worauf ich an die Tafel schrieb:

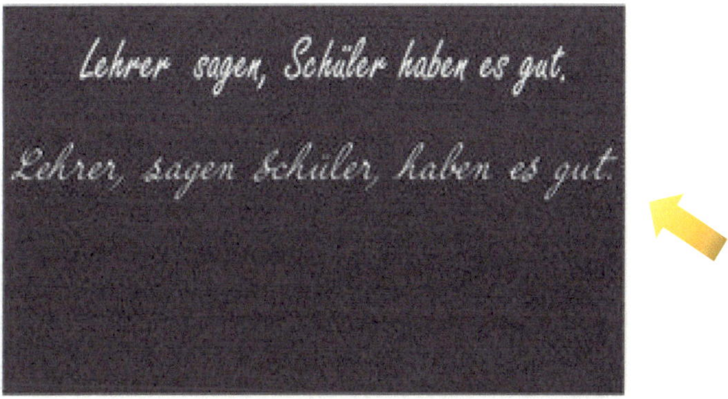

Der "Gelbe Mann"

Ein paar Jahre meines Arbeitslebens habe ich als Rettungssanitäter verbracht. Nach jahrelanger freiwilliger Arbeit beim Roten Kreuz hatte ich eine Planstelle angeboten bekommen und dies genutzt, um mich fachlich weiterzubilden. Tagschicht, Nachtschicht im Wechsel, dazu Notarztdienste am Wochenende. 60 Stunden die Woche waren Pflicht. Man hat einiges gesehen, was nicht so erfreulich zu berichten sein dürfte. Eine Geschichte ist mir stark in Erinnerung geblieben.
Sie ist genauso traurig wie verrückt.

Regelmäßig in den Nachtdiensten wurden wir in eine Fußgänger-Unterführung bei Kempten gerufen, um einen Mann aufzunehmen, der dort betrunken geschlafen hatte. Immer wenn Bürger die Polizei gerufen hatten, weil sie dachten, er sei verletzt, mussten wir ausrücken. Herr .... nennen wir ihn mal X, sah quittegelb aus im Gesicht. Hätte man Post in der Hand, man wäre geneigt, sie in ihn hineinzuwerfen, so gelb war er. Bewundernswert aber war sein adrettes Erscheinungsbild.
Er war sehr modisch gekleidet und machte nicht den Eindruck, obdachlos zu sein.

Nach einigen Transporten über Wochen hin lernte man diesen Herrn X auch näher kennen. Er war Kellner und starker Alkoholiker. Herr X arbeitete auf Volksfesten und in der Allgäuer Festwoche im Weinzelt. Er sei sein bester Gast, so ging die Kunde durch die Stadt. Er war dort bekannt. Kempten hat nur 60 000 Einwohner, da kennt man sich.

Jedes Mal, wenn wir Herrn X in die Ambulanz des Krankenhauses Kempten gebracht hatten, kam es zur gleichen Äußerung des diensthabenden Medikus. *»Ja lebt denn der immer noch, das kann doch gar nicht sein«,* rief der Arzt mit einem Grinsen im Gesicht. Auf meine Frage, wie ich das verstehen soll? *»Der hat schon Löcher in der Leber, wie ein Nudelsieb«,* dozierte der Herr Doktor.

Ich nannte ihn später stets „Gelber Mann". Die Transporte fanden weiterhin statt und immer wieder das gleiche Schauspiel in der Ambulanz. Der „Gelbe Mann" lebte immer noch, und ich war froh darüber. Er war ein netter Mensch, leider eben alkoholkrank.

Eines Tages kam ich zum Dienst und die Kollegen erzählten mir, dass der „Gelbe Mann" verstorben sei. Nach den Umständen zu fragen, erschien mir sehr absurd. So bemerkte ich: *»Er ist sicherlich ruhig eingeschlafen, was ich ihm*

vergönne.« Nein, meinten die Kollegen. Er ist gestern Abend betrunken über die Straße gestolpert und vom Stadtbus überfahren worden. Das tat mir leid, denn für mich war er trotz seines Alkoholismus ein Guter. Aber so kann wenigstens keiner sagen, er hätte sich totgesoffen.
Immer, wenn ich im Radio das Lied vom alten Holzmichel höre, denke ich an den sympathischen Patienten.

Und die Moral von der Geschicht.
Sauf so viel du willst,
doch laufe in der Busspur nicht.

Ich wollt' so gern "kein" Gitterbett

Während der Corona-Anfänge habe ich die Renovierung meines kleinen Häuschens abgeschlossen.
Der letzte Raum, den ich mir vornahm, war das Schlafzimmer.
Die Möbel daraus hat meine damalige Lebensgefährtin nach unserer Trennung mitgenommen.
So war ich also in keinerlei Hinsicht gebunden, was die Gestaltung des neuen Schlafgemachs anging.
Das ganze Haus hatte ich innen mit Holz verkleidet und meinem heimatlichen bayerischen Charme angepasst.
Der Fußboden wurde mit einem hellen Laminat ausgelegt. Nun sollte der neue Schlaftrakt mit Holzpaneelen versehen werden. Schritt für Schritt kam ich dem Traum meines neuen Kubikel näher.
In die Paneele habe ich ringsherum eine indirekte Beleuchtung eingearbeitet, da ich ganz ohne Licht nicht schlafen kann. Zur Dekoration der Wände habe ich mir Getreidegarben besorgt und diese mit feinen Metallbändern an den Wänden angebracht.

Neben einer originalen Fiaker-Lampe aus Wien und einigen Bildern meiner Töchter und Enkel ziert eine Truhe aus dem 18. Jahrhundert den Raum.
Mehr sollte da auch nicht rein. Klein, aber fein sollte es werden.
Bei einem Möbelhaus hatte ich schon 3 Wochen vor dem Umbau ein Bett bestellt. Bayerisch aus Fichtenholz mit kleinen Schnitzereien. Die Matratze hatte ich schon im Haus.
Was nicht kam, war mein Bett.
Mittlerweile hatte ich vom Möbelhaus die Paketnummer bekommen. Nach einem Anruf beim Paketdienst wurde mir mitgeteilt, dass das Paket zurück in die Hauptstelle geschickt wurde, da es wegen Corona nicht zugestellt werden konnte. Da half mein ganzer Frust nichts. Auch ein Anruf in Laatzen, dem Hauptsitz des Liefer-Dienstes, brachte kein anderes Ergebnis.
Ich hatte kein Bett. Und ich wollte keine weiteren Nächte auf der Wohnzimmer-Couch zubringen. Mein Rücken war mehr als lädiert dadurch und verzieh keine Nachlässigkeiten mehr.
Wegen steigender Inzidenz-Zahlen sank aber die Chance, von einem Lieferanten angefahren zu werden steil nach unten.

Ebay-Kleinanzeigen war die einzige Lösung, die mir jetzt noch einfiel. Ich stöberte alle Anzeigen durch, die im Umkreis von 20 km ein Bett zum Kauf anboten. Und ich wurde fündig. Nur eine einzige Anzeige. Ganz in der Nähe. Kein bayerisches Bauernbett, aber ein Bett. Aus Metall, besser gesagt, ein Eisenbett. Das, was ich immer hasste und nie in Betracht zog.
Nun schlafe ich seit einem Jahr entspannt in diesem Eisenbett. Es passt wunderbar in die Gesamtkomposition des Schlafraums. Jeder, der es bisher gesehen hat, ist begeistert. Ich auch.

Vor 63 Jahren habe ich schon mal in einem Gitterbett geschlafen.
Da ging es schließlich auch!

Brummifahrer droht mit Ruhestand

Irgendwie führe ich ein wunderbares Leben. Ich bin verheiratet und trotzdem frei in meinen Entscheidungen. Ich habe zwei Kinder, die schon aus dem Haus sind, einen Hund und einen Kerl. Genau, einen Mann. Einen, der Sonntag um 17 Uhr das Haus verlässt und erst Freitag wieder zurückkehrt. Also nicht, was Sie jetzt denken: Hans ist Lkw-Fahrer und ständig in ganz Europa unterwegs.

Meine einzige eheliche Verpflichtung besteht darin, jeden Abend um 18 Uhr am Telefon zu sitzen und für 10 Minuten die Verkehrslage europäischer Autobahnen zu besprechen, über die Größe der Schnitzel im Rasthaus Schweitenkirchen zu diskutieren und Sätze zu

beantworten wie: Hast Du schon meine Latzhose gewaschen, Schatz?
Was gibt es am Sonntag zu essen, Schatz? Und die wichtigste Frage: Kommst Du mit allem klar? Dazu gab es gleich noch die passende Antwort meines Gatten: *»Na, du machst das schon, mein Schatz.»* Das war seit 28 Jahren immer dasselbe, immer die gleiche Leier. Da kommt seit Jahren kein "Ich liebe Dich" oder "Du fehlst mir Schatz".
Das Einzige, was da kam, war ein: *»Ich würd ganz gern mal wieder Apfelkuchen essen, den machst Du am besten.«* Bei Hans heißt das, ich liebe Dich.
Okay, dann eben Apfelkuchen. »Ja mach‘ *ich für Dich, mein Liebster»«,* sag ich und gleich noch »*Tschüss, mein Dicker« und* leg' auf.

Ich treffe mich heute noch mit ein paar Mädels aus meiner Nachbarschaft. Wir haben vor, zu grillen und ein paar Gläschen Wein zu trinken. Das erlaube ich mir mitunter, also so jede Woche einmal, manchmal auch öfter. So wie es sich ergibt. Ich bin zeitlich nicht gebunden. Meinen Haushalt habe ich immer in Schuss, die Wäsche gerichtet, die Böden glänzend gewischt und die Garage aufgeräumt.

Das gilt auch für die Werkstatt von Hans, der jedes Wochenende anfängt irgendwas am Haus herumzubasteln und nie fertig wird.

100 seiner Baustellen habe ich in den letzten Jahre aufgeräumt, die Werkzeuge zurückgestellt und einen Handwerker besorgt, der seine vermurksten Künste wieder in Ordnung bringt. Er meinte dann immer: *»Das hast Du aber großartig gemacht, mein Schatz. Hervorragende Arbeit für eine Frau, alle Achtung.«*
Vor 35 Jahren haben wir ein Häuschen gebaut. Also Hans und ich, nein, eigentlich ich. Hans kam nur am Wochenende, hat schlaue Sprüche losgelassen und die Handwerker kritisiert.
Ich kümmerte mich um den ganzen Bau, die Handwerker, die Rechnungen, die Finanzierung. Nebenbei auch um die Kinder, die Wäsche, Hausaufgaben, Küche eben um alles, was da sonst noch dazu gehört.
Während Hans mit dem Lkw durch Europa fuhr, habe ich unsere Familie versorgt. Nicht finanziell, Hans verdient gut, er ist sparsam und hat seine Spesen. Ich arbeite nebenbei für einen Pflegedienst und habe ein eigenes Einkommen. So kann ich mir das eine oder andere Extra erlauben. Luxus, der oft im Haus steckt. Eine Sauna zum Beispiel oder eine ebenerdige

Dusche ohne Barrieren. Vor ein paar Wochen erst habe ich eine breitere Türe ins Badezimmer einbauen lassen (Rollator und so).
Na ja, man denkt ja auch ans älter werden. Wir sind beide 64, Hans wird noch 1 Jahr fahren, dann will er in Rente gehen. Bei diesem Gedanken überkommt mich schon ein bisschen Angst. Nicht, dass ich mich nicht auf den Ruhestand mit Hans freuen würde. Aber ich kenne ihn zu gut. Hans überschaut seinen Lkw. Da kennt er sich aus. Der Lkw ist seit Jahrzehnten sein Zuhause. Da gibt es nicht viel zu organisieren. Er weiß, wo seine Zigaretten liegen, sein Kaffee, sein Essen, das ich ihm koche und mitgebe. Er findet mühelos seine Papiere und die wenigen Kleider, die er bei sich hat. Hier im Haus ist das etwas anderes. Da fühlt sich Hans wahrscheinlich wie im Hobbyraum der NASA.
Am Wochenende hat Hans schon mal das Kochen übernommen, weil er mir eine Freude machen wollte. Das Vorhaben endet meist in einem Chaos. Die Küche sieht hinterher aus wie ein Schlachtfeld. Außerdem ist die Werkstatt verwüstet und der Rasenmäher zerlegt, auseinandergebaut, weil er nicht angesprungen ist. Dabei fehlte nur ein bisschen Benzin.

Freude spürte ich erst wieder, als Hans am Sonntagabend in seinem Lkw saß.

Inzwischen habe ich eine Selbsthilfe-Gruppe gegründet. Schutz für Ehefrauen vor Brummifahrern in Rente. Eigentlich sollte unser Haus eine Inschrift tragen:

Diese Geschichte beruht auf Erzählungen und Erlebnissen mit einer alten Bekannten und Nachbarin.

Der kleine Spanier

Durch meine Geschäftsreisen nach Spanien habe ich eine Affinität für die spanische Küche und den spanischen Wein entwickelt.
Nach einer dieser Geschäftsreisen lernte ich Diego kennen. Diego hat einen Weinladen in Augsburg und war mir über die nun schon 10 Jahre unserer Freundschaft sehr ans Herz gewachsen.
Wenn Diego über Weine rezitierte, klang es, als spräche er über eine wundervolle Frau, eine Liebe oder über einen Sonnenaufgang.
Meine Besuche bei ihm zählten zu den besonderen Ereignissen in meinem Leben, die ich unter der Kategorie „Erlebnis mit besten Freunden“ stets in meinem Herzen mit mir trage.

Bei einem dieser Zusammenkünfte hat mir Diego einen Wein zur Probe angeboten, nein, er zelebrierte ihn und versprach höchsten Wohlgenuss. Es war ein Rotwein aus Jumilla, der südlichsten Ecke der Levante in Spanien. Ein wunderbares Weinanbaugebiet. *»Hörst Du die Klänge im Namen dieses erlesenen Tropfens? „Juan Gil Selección Bartolomé Abel", ein Name*

wie eine königliche Neugeburt, einfach göttlich«, schwärmte Diego. Er schenkte uns den edlen Wein in Gläser und wir tranken von dieser köstlichen Gaumenfreude.
Immer und immer wieder schenkte Diego nach und ich wurde langsam betrunken, nein, eher beschwipst. Betrunken konnte man ob dieses göttlichen Getränks gar nicht sagen. Das Wort betrunken würde diesen herrlichen Rotwein mit seinen königlichen Qualitäten in die Nische von Tafelwein verstoßen.
Glückselig ging ich 2 Stunden später zu meinem Wagen und fuhr nach Hause.
Prompt fuhr ich kurz vor meiner Wohnung in eine Polizeikontrolle. Leider hatte ich den Fahrtrichtungsanzeiger (Blinker) nicht betätigt. Bei solchen Auffälligkeiten ist eine Bestrafung schon bei 0,5 ‰ möglich. So musste ich neben der Sichtung meiner Papiere auch einen Alkoholtest über mich ergehen lassen. 0,79 ‰ ergab die Messung.
Ich erspare Ihnen die weiteren Bemerkungen und die polizeiliche Aufnahme des „Falls", der jetzt daraus konstruiert wurde. 3 Monate später fand eine Gerichtsverhandlung statt. Ich betrat den Gerichtssaal und wurde als Erstes zu meinen persönlichen Daten und zu meinen Einkommensverhältnissen befragt.

Der Richter sah mich streng an und schüttelte den Kopf. Mein Rechtsanwalt stupste mich an. Er flüsterte mir ins Ohr: *»Sie müssen etwas lauter sprechen. Sie sind kaum zu verstehen.«* Die Gerichtsschreiberin tippte alles mit. Ich saß da wie ein Ganove aus Alicante, war aufgeregt und nervös.

»Sie sind bis jetzt überhaupt nicht auffällig geworden. Wie kam es denn zu dieser Alkoholfahrt?«, fragte der Richter.

»Sicherlich weiß ich, dass es nicht in Ordnung war Herr Richter. Aber das war keine simple Alkoholfahrt, wie Sie es nennen. Ich hatte auch keinen gemeinen Schnaps oder Korn getrunken. Anlass war ein Besuch bei meinem Freund Diego. Der hat eine Weinhandlung hier in Augsburg. Wir probierten einen neuen spanischen Wein, der herrlich schmeckte und eine so königliche Ausstrahlung hatte wie dieser Gerichtssaal, Euer Ehren. Und Herr Richter, von Alkohol kann man da nicht reden. Alkohol wäre eine zu abschätzige Bezeichnung für dieses göttliche Gebräu. Sein Name ist „Juan Gil Selección Bartolomé Abel", ein wahrhaft ehrwürdiger Vertreter der spanischen Weinkultur. Ich bitte Sie, Herr Richter, dafür können Sie mich doch nicht bestrafen.« »Was kostet denn eine Flasche dieses „göttlichen Gebräus"?«, fragte der Richter.

»Sie müssen die Qualität dieses Weines berücksichtigen. Er kommt aus einem der besten Weinanbaugebiete Spaniens und reift in 250 Sonnentagen zu einem Meisterwerk der spanischen Weinkunst heran. 35.- € müssen Sie schon anlegen für eine Flasche.« Der Richter sah mich ein paar Sekunden an. Er zog die Augenbrauen hoch und presste seine Lippen zusammen. *»Was soll ich mit Ihnen machen? Sie scheinen sich keiner Schuld bewusst. Aber Sie machen auf mich durchaus den Eindruck etwas daraus gelernt zu haben: Das ist eine schwierige Entscheidung für mich.«* Der Richter verweilte noch einige Minuten schweigend. Dann stand er auf setzte sich die Kappe der Macht auf und sprach:

»Ich verurteile Sie zu 36 Flaschen „Juan Gil Selección Bartolomé Abel" á 35 €. Das macht 1260€ zu zahlen an Greenpeace. Die Verhandlung ist geschlossen.«

"Und grüßen Sie Diego von mir."

Der ungeliebte Pantoffelheld

Kennen Sie das? Sperrmüll. In den größeren Städten gibt es die verschiedensten Möglichkeiten, mit Plunder umzugehen. Von den zuständigen Bauhöfen werden bestimmte Termine und Regeln aufgestellt. Wann, was genau und wie viel abgeholt wird. Alles wird am Telefon besprochen. Nun stellt man seine alten Sachen nur noch an den vereinbarten Platz. Das war es. Den Rest erledigen die netten Männer vom Bauhof Ihrer Stadt.

Als wir vor vielen Jahren einen Umzug vom ländlichen Adelzhausen nach Augsburg hatten, gab es beim Packen der Möbel ständig Diskussionen, was denn genau mitkommt oder weggeben wird.

Meine Lebensgefährtin konnte sich von den Dingen nicht so leicht trennen, die sie angesammelt hatte. Leider befanden sich in der Sammlung Möbelstücke, die weder antik noch brauchbar waren, in meinen Augen eher wertlos. Eines dieser Teile war ein Schuhschrank, der mir schon lange ein Dorn im Auge war.

Unsere sonstigen Möbel stammten von ortsansässigen Möbelhändlern. Geschmackvoll ausgesucht und liebevoll behandelt. Gemacht für ein ganzes Leben. Dazwischen dieser hässliche Schuhschrank. Die Türen waren nur noch schwer zu öffnen. Die Scharniere krächzten und die Optik des ›Pantoffelhelden‹ war alles andere als schön. Es gab ein schauspielreifes Theater darum. Ich konnte mich nicht durchsetzen, er kam mit.

Als wir an der neuen Wohnung ankamen, parkte ich den 7,5-Tonner im Hinterhof. Ich ließ die Ladebordwand herab und stellte den ollen Schuhschrank gleich mal um die Ecke, an die Straße.

Als wir mit dem Entladen des Lkw fertig waren, brachten wir das Gefährt zurück zum Verleiher und fuhren mit unserem Pkw wieder zur neuen Wohnung. Ich hatte nicht mehr an den alten Kasten gedacht. Nach fünf Stunden waren wir mit dem Aufbau der Möbel durch. Während der Arbeit sah ich meine Lebensgefährtin von einem Zimmer in das Nächste laufen. Sie sagte kein Wort.

Irgendwann habe ich dann gefragt: *»Warum rennst du wie von der Tarantel gestochen in der Wohnung rum?« »Ich vermisse meinen Schuhschrank.«* Ich meinte: *»Der steht sicher noch unten, eingeladen haben wir ihn.«*

Er stand nicht unten. Jemand hat ihn wohl für Sperrmüll gehalten und konnte ihn gebrauchen.

"Ich finde Sperrmüll klasse ..."

Die verlorene Zeit

Eigentlich ist das nicht möglich. Zeit kann man nicht verlieren. Man besitzt sie auch gar nicht. Kein Mensch auf der Welt, und sei er noch so reich, besitzt Zeit. Sie ist ein Konstrukt. Die Abfolge allen Geschehens ist Zeit. Also die Ereignisse in deinem Leben. Durch dein Tun prägst du die Umwelt und die darin zur Verfügung stehende Zeit. Dann, irgendwann stirbst du.

Deine Zeit ist also vorbei, aber verloren hast du sie nicht, denn du hast sie nie besessen. Trotzdem musst du stets aufpassen, was du damit anstellst. Sieht man es aus der wirtschaftlichen Sicht, kann man sagen, in Betrachtung eines bestimmten Ziels ist es möglich, die Zeit ineffektiv zu nutzen. Dann hast du Zeit ruiniert, aber auch nicht verloren. Um Abstand über die Geschehnisse und Ereignisse unserer Gedanken und unseres Handelns zu bekommen, ermessen wir, planen und versuchen bewusst zu leben. Dafür nutzen wir die Zeit.

Ein Mann, schon fast 100 Jahre alt, saß im Park auf einer Bank und las in einem Buch. Das Buch hieß "Zeit". Das, was er da las, war die

Geschichte eines Mannes, der im Park auf einer Bank saß und ein Buch über die Zeit las. Dieses Buch über die Zeit handelte von einem Mann, der im Park auf einer Bank saß und las. Er las in einem Buch, das Buch hieß Zeit. Das, was er da las, war ein Buch über einen Mann …

Siehst du, jetzt habe ich dir mit meinem Blödsinn die Zeit gestohlen.

Aber verloren hast du sie nicht.

Kindermund tut Wahrheit kund

Es war 1980, wir wohnten in Kempten im Allgäu und waren bereits im Begriff, die Koffer und Taschen für einen Italienurlaub zu packen. Unsere kleinste Tochter Jennifer war gerade zweieinhalb Jahre alt. Ich hatte in dieser Woche der Vorbereitung Nachtschicht, war also tagsüber zu Hause. So hatte ich Zeit, mich mit den Würmern zu beschäftigen, während meine Frau die Urlaubsutensilien aus allen Ecken des Hauses zusammensuchte. Man hat so einiges einzupacken, wenn kleine Kinder mitreisen. Teddybären, Spielzeug, eigene kindergewohnte Kopfkissen, ohne die ein Einschlafen in fremden Betten nur schwer zu realisieren ist.

Gegen 12 Uhr saßen wir zusammen am Mittagstisch und plauderten mit den Kindern über den anstehenden Urlaub und die Möglichkeiten, die sich ihnen dort eröffnen würden. Plötzlich sagte meine Frau: *»Wir sollten noch die Ausweise kontrollieren.«*

»Da brauch ich nicht lange zu suchen, meiner ist im Geldbeutel, wo er immer ist.«, sagte ich und griff in der Sekunde an meine Gesäßtasche, um mein Portemonnaie herauszuziehen.

Ein Blick auf meinen Perso (Personalausweis) versetzte mich schlagartig in Aufregung, weil der verfluchte Passbildträger nämlich bereits seit 2 Monaten abgelaufen war.
Eine Tirade von bayerischen Flüchen wie "*Hergottsakramentscheißglumpverreckts*" und andere Ausdrücke entfleuchten mir.
Meine Wut war begründet, nicht aber die Flucherei vor den Kindern.
»*Hoppla, mach mal bisschen sanfter,*« meinte meine Frau. »*Du weißt doch, dass die Kleinen alles nachbabbeln.*«
Man muss dazu wissen, dass damals die Personalausweise noch von den Meldebehörden in den Gemeinden selbst ausgestellt wurden und man innerhalb eines Tages seinen Stempel bekam, wenn es notwendig war. Nach der Nachtschicht schlief ich bis 10 Uhr und machte mich dann mit meiner kleinen Tochter auf den Weg zum Amt, um meinen Perso verlängern zu lassen - lassen zu wollen, wäre wohl besser gesagt.
Wir saßen bis 11 Uhr in der Schlange und wurden dann aufgerufen. Mit den nötigen Papieren, also Geburtsurkunde und abgelaufenem Perso, ging ich an den Schalter.

Ich erklärte meine Situation und die Dringlichkeit meines Ersuchens, den Ausweis zu verlängern.
Die Beamtin füllte ein Formular aus, ließ mich unterschreiben und stellte in Aussicht, mich noch vor der Mittagspause aufzurufen.
Mein Ausweis sei dann unterschrieben und gestempelt. Dem Urlaub stünde also nichts mehr im Wege.
3 Minuten vor zwölf ging ich an den Schalter der Dame und fragte nach, wie es denn meinem Personalausweis so ginge und ob er sich bereits allein auf den Weg nach Italien gemacht hätte.
Meinen Spaß hat sie leider nicht verstanden. Mit angespanntem Gesicht und einem tiefen Atemzug kündigte sie eine Bearbeitung der Sache bis nach der Mittagspause an. Dann schloss sie mit einem kräftigen Schlenzer ihr Fensterchen und zog von dannen.
Jetzt standen wir da wie begossene Pudel. Ich ärgerte mich natürlich über meine große Klappe. Aber alles herummeckern half nichts, ich musste um 15 Uhr noch mal zum Amt. Am Mittagstisch erzählte ich von meinem Missgeschick.
»Eine *blöde Zicke war das*«, motzte ich noch zu meiner Frau gewandt, die nur den Finger auf

die Lippen legte, um mich zum Schweigen zu bringen.
Um 15 Uhr machte ich mich gut gelaunt wieder auf den Weg ins Amt. Meine kleine Tochter Jennifer hatte ich auf dem Arm und hoffte damit auf das Wohlwollen der humorlosen Beamtin.
Ich hatte die erste Nummer gezogen und als die Dame den Schalter öffnete, war ich sofort an der Reihe.
Sie sagte kein Wort, legte mir den Perso vor die Nase und einen speziellen Stift, mit dem man damals die Dokumente unterzeichnen musste. Ich unterschrieb, nahm den Ausweis entgegen und war zufrieden.
Die Dame vom Amt würdigte mich keines Blickes, dann sagte zu meiner kleinen Tochter *»Na, dann einen schönen Urlaub für dich, kleines Mädchen.«*
Jennifer sah sie an, lachte über beide Wangen und meinte: »*Blöde Zicke.*«

"Wo sie das wohl herhatte"?

Hat Essen geschmecken?

In den 90er-Jahren war ich viel im Außendienst unterwegs und arbeitete jeden Tag bis zu 12 Stunden. So konnte ich den Freitag immer freinehmen und ein langes Wochenende genießen.
An einem dieser Wochenenden bin ich mit meiner Frau zum Großglockner gefahren.
Wir hatten uns am Zeller See in einem Hotel garni eingemietet und waren schon um drei Uhr früh losgefahren. Gegen acht Uhr kamen wir in der Unterkunft an. Wir nutzten den Freitagvormittag, um eine kleine Bergwanderung zu machen. Es war ein sehr entspannter Vormittag und wir hatten viel Spaß bei der Tour.
Gegen 14 Uhr kamen wir wieder in Zell am See an. Jetzt war eine zünftige Stärkung fällig. Fünf

Gasthöfe mussten wir anlaufen und hatten immer noch kein Mittagessen. Die Restaurants waren voll, kein Wunder an so einem schönen Wochenende. Mein Magen knurrte schon die österreichische Nationalhymne.
Inzwischen war es 15 Uhr, und wir zwei am Ende unserer Kräfte.
Wir erreichten den letzten Gasthof im Ort, der Parkplatz war voll und unsere Hoffnung, doch noch was Nahrhaftes zwischen die Zähne zu bekommen, sank gegen null.
Nach einigen Verhandlungen mit dem Kellner, der immer zwischen dem Koch und uns vermittelte, gelang es tatsächlich eine Bestellung aufzugeben.
Allerdings wurde die Speisekarte vom Koch um 80 % gekürzt, da er die meisten Geräte bereits gereinigt hatte.
Meine Frau bestellte sich einen Schweinsbraten mit Klößen und Salat, während ich mich auf Heringe in Sahnesoße mit Kartoffeln einließ. Der Ober brachte die Getränke und kurz darauf auch schon den Schweinebraten, jedoch ohne Klöße. Zwei Minuten später brachte er Salzkartoffeln.
Als meine Frau versuchte, die Situation zu klären, wurde sie von einem freundlichen Herrn am Nachbartisch angesprochen. *»Nehmens' die*

Kartoffel, die sind vollkommen überfordert hier, sonst kriegens' gar nichts mehr. Ich wart' schon 40 Minuten auf einen Kaiserschmarrn mit Pflaumen. Und überhaupt; der Kellner spricht kein Wort Deutsch.«

Meine Frau aß den Braten mit den Kartoffeln. Sie war froh, überhaupt etwas auf dem Teller zu haben.

Der Kellner servierte an einem der Nebenische. Auch hier gab es kleinere Diskussionen.

Ich hörte nicht hin, wollte mir den schönen Tag nicht mit Ärger verderben.

Kurze Zeit später bezahlte der nette Herr, der meine Frau angesprochen hatte, ging vor dem Verlassen des Lokals an unserem Tisch vorbei und meinte: *»Jetzt hob' i statt mein Kaiserschmarrn Wiener bekommen.«*

Wir schüttelten alle die Köpfe und lachten über die Komik der Situation.

Fast alle Gäste hatten den Biergarten verlassen. Nur ich hatte immer noch nicht gegessen. Ich wollte gerade eine Beschwerde anbringen, da sah ich den Kellner mit einem Tablett aus der Küche kommen. Er lief genau auf uns zu, was mich sehr beruhigte. Endlich was zu essen.

Was kam, waren Salzheringe mit einer Schale Pflaumen.

Kartoffeln nachbestellen - nicht möglich. Der Koch hatte die Küche fluchtartig verlassen.
Ich besah meinen Teller und konnte es nicht glauben: Das war schon eine eigenartige Kombination für ein Mittagessen.
Meine Frau lachte und sagte: *»Guten Appetit, mein Schatz.«*
Schuld an diesem lukullischen Durcheinander war nicht der Kellner. Man hätte ihn ohne Deutschkenntnisse gar nicht erst einsetzen dürfen.
Ich bezahlte und gab dem fleißigen Herrn trotzdem 5 Mark Trinkgeld.
Er fragte noch: *»Hat Essen geschmecken?«*

Ich erwiderte schmunzelnd:
»Na ja irgendwie schmeckte das Pflaumenkompott salzig ...«

Heidi, die Tiere und ich

Wir gingen, wie so oft an schönen Tagen an der Elbe spazieren und kiebitzten in der Natur. Also, ich sah in die Welt, meine Freundin Heidi beobachtete die Natur. Heidi ist eine wahre Kennerin der wachsenden und fliegenden Szene.

Bemerkenswert sind ihre Sprünge, wenn irgendwo ein Vogel auftaucht oder nah an uns vorbeifliegt. Für eine Sekunde geht sie in die Knie, richtet ihren Körper in Richtung der vorbeiziehenden Spezies aus und ruft: *»Iris, hast Du gesehen? Das waren Kraniche! Sind sie nicht wunderbar?« »Ja das sind sie«,* sage ich dann und bin jedes Mal erstaunt über ihr Wissen ob der Natur und den Tieren.
»Oh Ringeltauben, schau mal, wie sie turteln«, flötet sie vor Begeisterung. Für mich stellt sich immer die Frage, ob sie wirklich turteln oder sich streiten. Mein Feingefühl für diese Vögel hält sich in Grenzen. Für mich sieht eine balzende Aufführung um eine Vogelpartnerin aus wie der Kampf um territoriale Ansprüche in Parkanlagen.

Heidi geht da ganz in sich auf. Sie sieht Dinge, die ich noch nicht einmal vermutet hätte.
Aus den kleinsten Begebenheiten deutet sie Ursachen für die verschiedensten Verhaltensweisen und erklärt mir so die Welt. Ich bin trotz meiner Unkenntnis über die Flora und Fauna sehr gelehrig. Und ich freue mich über jeden Ausbruch von Heidis naturwissenschaftlicher Begeisterung.
Ein Vogelschwarm zog an uns vorüber und ich wollte endlich mal zeigen, dass ich nicht ganz „tiefflíege“ in unserer Welt und auch einen sachverständigen Beitrag leisten.

»Schau mal Heidi, die Schwäne!« Sagte ich "fachmännisch" und deutete mit einem Lächeln auf die ankommenden Flugkünstler. *»Ja, wunderschön, es sind Wildgänse Iris,«* korrigierte sie mich und lächelte dabei. Es ist nicht schlimm, wenn Du es nicht weißt, meint sie mit ihrem Lächeln. Nicht mehr und nicht weniger.

Sicherlich habe ich andere Fähigkeiten, ich koche zum Beispiel ausgezeichnet. Aber ein Vogel in der Bratpfanne kommt bei meiner Freundin nicht annähernd so gut an wie vorbeiziehende Kraniche oder Wildgänse.

Da ich zu allem Überfluss auch noch etwas schlecht höre, habe ich den Schrei einer Taube als Ruf des Kuckucks interpretiert.

»Du solltest wirklich Deine Hörgeräte tragen Iris. Dir entgeht so viel. *Das war eine Taube und kein Kuckuck.«*

Mein Erstaunen über ihr Wissen macht mich richtig glücklich.

Solch eine naturliebende Partnerin hat nicht jeder an seiner Seite. Als wir einmal in Wedel an der Elbe spazierten, hob Heidi eine Blindschleiche auf, die blind auf dem Gehweg schlich und meinte: *»Das sind wunderbare Tiere.«* Für mich war es ein großer Regenwurm. Man lernt eben nie aus.

Kucki, meine Katze hatte vor ein paar Wochen einen toten Vogel auf der Terrasse abgelegt.

Die Federn waren allesamt auf und unter den Gartenmöbeln verteilt.

Ich hätte mich mit Gartenhandschuhen und einer Zange bewaffnet und das Tier in die Mülltonne geworfen.

Heidi nahm den Vogel, legte ihn auf ihre Hand und sah ihn ganz genau an. Sie streichelte ihn und gab ihm so eine Art letzte Ehre mit auf den Weg ins "Nirwana".

Tage später sagte sie *»Iris, ich glaube, ich weiß jetzt, was das für ein Vogel war, den Kucki uns zu Füßen gelegt hat.«*
Sie hat es mir gesagt, ihn genau beschrieben und seinen Namen für alle Zeiten in ihrem tierliebenden Gedächtnis abgelegt.

Ich nahm meine Freundin Heidi in den Arm und war wieder einmal froh, so eine großartige Partnerin zu haben.

Der Ring der "Nichtgelungen"

Ein Weihnachtsgeschenk sollte es werden. Für meine Frau. Ein Ring, etwas Besonderes. Sie war leidenschaftliche Motorradfahrerin und fuhr eine der schnellen Yamaha RD 350.
Jetzt sollte es ein Ring werden, ein "Yamaha-Ring". Zu Weihnachten. Ich ließ das Geschenk bei einem Juwelier in Augsburg fertigen, der sich darauf spezialisierte, besondere Schmuckstücke zu fertigen. Bis dahin war das ganze Unterfangen eine rein organisatorische Angelegenheit.

Was dazu noch zu sagen wäre, ist Folgendes. Jedes Jahr vor Weihnachten war meine liebe Frau wie eine Goldgräberin im ganzen Haus unterwegs. Akribisch wurden Schubladen, Kästen, Schränke und Kisten nach eventuellen Weihnachtsgeschenken untersucht. Sie konnte es einfach nicht erwarten.

Und so versuchte sie, wenigstens einen kleinen Schimmer zu erhaschen, was sie wohl geschenkt bekommen würde. Ihren Augen entging nichts. Jedes noch so kleine bunte

Papierchen wurde untersucht. Ab Mitte November ging die Sucherei los.
Als ich diese Eigenart bemerkte, habe ich sehr darüber geschmunzelt. Ich begann sogar, leere alte Schmuckschachteln zu verpacken und zu verstecken, um meine Frau ein bisschen zu ärgern. Dabei legte ich die "Köder" so aus, dass ich sofort merkte, wenn sie dran war.
Nun musste ich als Wotan, Besitzer des weihnachtlichen Rings, ein Versteck finden, das sie nicht so einfach entdecken würde. Ein sicheres Walhall.
Meine Frau Margit oder besser gesagt "Fricka, die Hüterin von Ehe und Moral", durfte ihn keines Falls vor dem Fest finden.
Sie liebte ihre Palmen, ließ niemanden ran an die mit Liebe gepflegten Pflanzen. Sie streichelte sie und flüsterte mit den Gewächsen. Das war mein Walhall! Besser konnte ich mein Geschenk nicht verstecken. Ich vergrub den edlen Ring in die Erde einer der Pflanzen ein. Er sollte nun so sicher sein wie das Gold in "Fort Knox".
Jeden Tag, wenn ich nach Hause kam, besuchte ich die Palme, sah kurz auf die Erde und stellte fest: "Fricka" hat es nicht bemerkt. Ich sah, dass einige Blätter der Pflanze braune Verfärbungen

hatten, war aber sicher meine Frau würde diese in den nächsten Tagen entfernen.
Das ging eine ganze Woche so. Ich kam, sah nach und war es zufrieden. Ich wiegte mich in Sicherheit. Einige Tage habe ich dann auch nicht mehr daran gedacht nachzusehen. Der Alltag holte mich ein. Nach manch später Heimkehr wollte ich nur noch essen und schlafen.
Freitag, ich hatte mich schon auf das Wochenende gefreut. Wir wollten mit Freunden ins Kino und dann zum Italiener.
Ich betrat die Wohnung, zog die Schuhe aus und ging ins Wohnzimmer. Meine Frau las gerade in einer Frauenzeitschrift, als ich plötzlich erstarrte.
"Alberich" Räuber des Rheingold und nun Besitzer des magischen Rings war im Haus gewesen. Ich sagte in sehr aufgeregt: *»Wo bitte ist diese Palme?«* Meine Frau sah mich entgeistert an und meinte:
»Sie war nicht mehr zu retten, hat die Blätter hängen lassen, da hab ich sie im Biomüll entsorgt. Seit wann kümmerst du dich um Palmen?«
Jetzt wurde ich zu „Siegfried“, dem Menschensohn Wotans, der das Schwert "Lotung" zurückerobern wollte.

Ich leerte die Tonne einfach in die Garage und durchwühlte den ganzen Biomüll. Den Ring fand ich nicht mehr.

Ich lief wieder ins Haus zu "Fricka" (Margit, meiner Frau).

„Donar“ der Gott der Gewalt und der Wut machte sich in meiner Seele breit. Als ich das Wohnzimmer betrat, lag die Geschenkschatulle schön verpackt, so wie ich sie eingegraben hatte auf dem Tisch, und meine Frau lachte.

»Ich hab' die Erde noch im Topf gelassen für die neue Palme, die ich kaufen werde. Du hast mich selbst auf die Idee gebracht, weil du so panisch reagiert hast.«

Jetzt muss sie wenigstens nicht mehr suchen.

Ihr letzter Wille, eine Brille

In den letzten Jahren hatte ich immer wieder stärkere Brillengläser nötig. Meine Augen verloren stetig an Sehkraft.
Das ist im Alter zwar normal - aber zufriedengeben will man sich nicht mit diesem Zustand. Dieses kleine Problem lässt sich mit einer Lesebrille schnell aus der Welt schaffen. Wenn man sie denn immer griffbereit hätte!

Wie so oft war ich wieder einmal auf der Jagd nach der verwünschten Sehhilfe. Ohne sie war ich nicht mehr in der Lage, ein Buch zu lesen, Illustrationen anzusehen oder gar meine Post zu bearbeiten. Auch Fernsehen ist kaum möglich. Beim Kaffeekochen konnte ich den Füllstand der Maschine nicht genau erkennen und kochte nur noch ungenießbare Brühe. Beim Haarewaschen schmierte ich mir tatsächlich Katzenshampoo in die Haare.
Deshalb war ich bereits vor Wochen beim Optiker, um mir passende Gläser anfertigen zu lassen. Bis zur Lieferung der neuen Brille musste ich mit der alten zurechtkommen. Aber wie, sie war wieder einmal nicht zu finden.

Als meine Tochter letztes Jahr Ihren Urlaub bei mir verbrachte, sagte sie: *»Ich besorg' dir jetzt eine Brillenkordel. Dann kannst du das Ding um den Hals hängen.«*
Inzwischen habe ich bestimmt schon 5 von diesen "Dingern". Anfangs ganz großartig, aber irgendwann nervte die Kordel und ich schaffte sie wieder ab.
Nun ging die Suche nach den Augengläsern aufs Neue los. Zuerst wurden die üblichen Ablageplätze im ganzen Haus untersucht.
Dabei immer wieder der Griff in irgendwelche Schubladen, dunkle Ecken oder offene Schrankfächer, die oft als Brillengarage genutzt wurden. Es nervte tierisch.
Ersten hatte ich Post auf dem Tisch liegen, die ich lesen wollte und zweitens musste einige Mails abarbeiten.
Ärgerlich war auch, dass ich ohne Brille an den Briefkasten ging und dabei wichtige Post entsorgte, die ich für Werbung hielt.
Die neue Brille ließ auf sich warten. So aufschnappte mir kurzerhand meine Autoschlüssel und gondelte in die Stadt.
Für 15.- € kaufte ich eine Lesebrille im Einkaufscenter, fuhr die 8 km wieder nach Hause und wurde vom Radar geblitzt. Man kann zwar ohne Lesebrille autofahren aber den Stand

des Tachos eben nicht genau erkennen. Die neue Brille lag im Einkaufskorb.
Dummheit muss bestraft werden, dachte ich ärgerlich. Als ich zu Hause war, machte ich mir erst mal einen Kaffee und versuchte, mich zu beruhigen.
Dieser Ausflug kostete mich 15 € für eine Wegwerfbrille, 40 € für zu schnelles Fahren und neben Diesel auch noch 2 Stunden Zeit.
Nun nahm ich die Post zur Hand und öffnete als erstes einen Brief meines Optikers. Darin stand:

Letzte Aufforderung!
Sehr geehrte Frau Schuster,
wir haben Sie bereits mehrfach angeschrieben, Ihre bestellte Sehhilfe in unserer Filiale in der Marktstraße abzuholen.

Das "sah" ich natürlich ganz anders.

Foto: George Milton

Vortrag ohne Pumps

Vor einigen Jahren, ich war 30, heute bin ich 63, also eher vor einigen vielen Jahren, sollte ich im Verlag einen Vortrag über den Absatz von schwer verkäuflichen Buch-Auflagen halten.

Unser Verlagschef bat mich darum, da ich beim Verkauf dieser besagten Auflagen am meisten Umsatz für den Verlag generierte. Er fügte der schriftlichen Bitte auch gleich eine Liste der Vortragsteilnehmer bei.

Mir wurde richtig heiß, denn unter den Teilnehmern waren neben den besten Verkäufern unseres Verlages auch namhafte Buchhändler aus München.
Ja, dann dachte ich, wenn es gewünscht wird. Ich sagte zu. Es waren noch 6 Wochen bis zu dieser Präsentation. Genug Zeit also, sich gut vorzubereiten.
Jeden Abend plante ich 45 Minuten Zeit ein, um meine Verkaufsstrategien zu durchleuchten und die Gründe meiner Erfolge in diesem Segment zu studieren.
Nach einer Woche begann ich, die ermittelten Sachverhalte in verständliche Worte zu fassen.

Stück für Stück entstand meine Rede. Nach jedem neuen Absatz las ich die Ansprache laut vor dem Spiegel und beobachtete meine Gestik. Ich war nicht so richtig zufrieden. Deshalb bat ich meine Freundin, sich den Vortrag anzuhören.

Sie bestätigte mir, einen gut verständlichen und sauber formulierten Text zusammengestellt zu haben. Das beruhigte mich sehr.

Jeden Abend in der letzten Woche vor dem großen Tag lernte ich nun den Txt und übte jede Geste. Alles war perfekt und gut antrainiert. Ich war locker und gelöst. Am Tag des Vortrages stand ich früh auf und las alles noch mal laut durch. Als ich wie jeden Tag in den Zug nach München stieg, hatte ich das Manuskript ständig in Lesebereitschaft um bei jeder Gelegenheit, die sich bot, darin zu blättern.

Natürlich kennt man sich, wenn man jeden Tag mit dem Zug zur Arbeit fährt. Einige Arbeiter begrüßten mich wie immer. Ich nahm an diesem Tag nicht sehr viel wahr, konnte aber trotzdem sehen, dass die Leute im Zug über mich schmunzelten. Wegen meiner gelungenen Vorbereitung des anstehenden Resultats war ich sehr fröhlich und gut gelaunt. So dachte ich mir nicht viel dabei.

Auch im Zug hörte ich Getuschel, wollte mich aber auf mein Manuskript konzentrieren und ignorierte es.
Als ich in München aus dem Zug stieg, fiel es mir wie Schuppen von den Augen:

Ich trug meinen feinsten Zwirn, geschminkt und aufgeputzt und trug dazu rosa Hausschuhe mit lila Bommeln.

Gleich gegenüber dem Bahnhof in einer kleinen Gasse fand ich ein Schuhgeschäft, das mich aus dieser peinlichen Lage befreite.

Ja, nicht nur Kleider, auch Schuhe machen Leute!

Foto: Taryn Elliott

Quasi zeitnah

Irgendwie habe ich mich die letzten Jahre sehr daran gestört, wenn bei Unterhaltungen ständig Begriffe auftauchen wie "zeitnah", "quasi" oder Worte, die ein Widerspruch in sich selbst sind.
Selbsthilfegruppe ist so ein Wort. Jemand hilft sich selbst, benötigt aber dazu eine Gruppe, die es ihm ermöglicht, sich in Eigenregie zu therapieren.
Das Ganze ist vielleicht ein „absichtliches Versehen“, auch so eine Floskel, die es nicht schafft, Gnade vor meinen Augen zu finden.
Als ich vor Jahren einmal mit meiner Gefährtin einen Spielfilm mit Indianern ansah und einer von ihnen durch einen Pfeil verletzt wurde, legte die Indianerin seinen Kopf in ihren Schoß und er starb in ihren Armen.
Meine Freundin meinte dazu: *»Ach schau mal, der stirbt aber schön.«* Wie man sich zu solchen Sätzen hinreißen lassen kann, versteh' ich nicht.
Bei manchen Gesprächspartnern fällt alle 30 Sekunden das Wort „quasi“. Ein Adverb aus dem Lateinischen das so viel bedeutet wie gleichsam gewissermaßen. Oder als Wortbildungselement mit der Bedeutung „In minderem Grade aber nahezu“. Bei solchen

Gesprächen ist dann fast alles quasi, gewissermaßen gleichsam.
Vor ein paar Wochen hatte ich ein paar Dinge mit meinem Handyanbieter zu klären, der sich nicht an die vertraglich vereinbarten Flatrates und Download-Geschwindigkeiten hielt. Ich schrieb also eine E-Mail und erhielt wie erwartet keine Antwort. Erst als ich sämtliche Summen der letzten drei Monate zurückbuchen ließ, meldete sich die Hotline der Gesellschaft.

Wir besprachen detailliert die Dinge, die falsch liefen und ich forderte die Einhaltung des Vertrages. Die Dame der Hotline wollte sich um die Angelegenheit kümmern und versprach eine zeitnahe Beantwortung. Was bedeutet aber eine zeitnahe Antwort? Laut Duden und Wikipedia heißt das gegenwartsnah, umgehend, schnell.
Gegenwartsnah trifft schon mal nicht zu, weil ich denke, fünf Wochen auf Antwort warten ist genau das Gegenteil. Also dann zeitnah, was auch immer das heißen soll.
Es handelt sich dabei eben eher um eine Beruhigungs-Hotline und nicht um eine Service-Hotline.

Millionen Bürger werden so täglich auf eine Geduldsprobe gestellt. Zermürbungstaktik wird

dabei regelrecht geschult. Und wenn die Kundschaft zu fordernd wird, auflegen, sich des Problems entledigen. Der Kunde muss dann wieder 15 Minuten in die Warteschleife.
Ein großartiges Geschäftsmodell!

Das Wort "sofort" gibt es bei Telefongesellschaften nur im Kontext der Forderung von Unterschriften bei Neuabschlüssen.

Also musste ich mich in Geduld fassen. Ich war „quasi“ wieder die Dumme!

Das Pubertier und die Geriatiere

Es ist einfach schön, an einem Samstagmorgen aufzustehen und ein ausgiebiges Frühstück einzunehmen. Bei leiser Musik, netter Unterhaltung und einem weich gekochten Ei.

So stell' ich mir einen gelungenen Samstagvormittag vor. Das geht, wenn man will. Schwer wird es aber, wenn man ein pubertierendes Kind zu Hause hat, das die ganze Nacht telefoniert oder bis in die Puppen fernsieht. Frühstück gibt es auf jeden Fall um neun. Egal, wer wo, wie lange etwas getan hat oder auch nicht. Ich hatte mir angewöhnt, keine Rücksicht mehr darauf zu nehmen. Also klapperte ich samstags pünktlich um neun mit Tassen und Tellern und deckte den Frühstückstisch. Meine Freundin sorgte für weich gekochte Eier.

Wir saßen und tranken genüsslich die erste Tasse Kaffee. Ich schaltete das Radio ein, leise Musik erklang, sehr stimmungvoll.
Just in diesem Moment ertönte von oben ein kräftiger Rums durch die Zimmerdecke im Esszimmer. Anschließend noch ein Schrei

durchs Treppenhaus, dem das laute Aufreißen einer Zimmertür vorausging. *»Ruhe da unten!« Rums* flog die Türe wieder zu. *»Oh, kleine Hexe scheint wach zu sein«,* meinte meine bessere Hälfte. Ich sagte nichts dazu, zog nur die Schultern hoch und las weiter in meiner Zeitung.

Nach dieser Aktion rechneten wir nicht so schnell mit dem Erscheinen unserer "babajagischen" Mitbewohnerin, der Tochter meiner Lebensgefährtin. Diese lebte streng nach Sigmund Freud:
"Wenn jemand Lust hat, alle zu beschimpfen und anzuschreien, dann darf er das auch. Die Unterdrückung von Bedürfnissen führt nur zu Neurosen." Und danach lebte sie dementsprechend frei und ungehemmt ihr Pubertier-Dasein.

Unsere Bedürfnisse spielen dabei eine sehr untergeordnete Rolle und waren nur dann als wichtig zu sehen, wenn das Pubertier einen Vorteil daraus ziehen konnte. Wie tags zuvor:
Unsere kleine Akne-Bombe wollte unbedingt in die nahegelegene Stadt, um etwas sehr Dringendes zu erledigen. Ich wollte gerne mal wieder meinen Wagen waschen.

Das wurde von der jungen Dame nur genehmigt, als ich erwähnte, ohnehin tanken zu müssen. Wir tankten und fuhren anschließend in die Waschanlage. Die Aufregung war groß, weil man, O-Ton Laura »*In dieser verdammten, blöden, abgefuckten Autowaschanlage nicht telefonieren kann. Kannst Du nicht ein wenig schneller fahren?«* Ich machte darauf aufmerksam, dass es sehr gefährlich sei, die Bürsten einer Waschanlage zu überholen und dass dies auch nicht erlaubt sei.

»Die blöde Karre kann man auch zu Hause mit der Hand waschen«, fauchte "Baba Jaga" und drehte ihren Kopf demonstrativ nach rechts, um ihre Verärgerung fazial an die Umwelt weiterzugeben.

»Genau. Dann richte ich schon mal das kleine Eimerchen und einen Lappen her, wenn wir zu Hause sind. Dann kannst Du gerne die Innenreinigung übernehmen.«

Damit war aber die Kosten-Nutzen-Analyse für unseren Backfisch nicht mehr in einem gesunden Verhältnis. Damit wurde der Vorschlag vehement von "Baba Jaga" abgelehnt.

»Ich putz doch nicht eure Karre. Hast du sie noch alle?« Mit diesen Worten war die Einbindung in

das Geschäftsmodell Familie kläglich gescheitert, Wiederaufnahme der Verhandlungen nicht realisierbar.

Jetzt aber zurück zu unserem Frühstück.
Es war mittlerweile 10:30 Uhr geworden und im oberen Stockwerk bewegte sich was.
Madame kam die Treppe herunter. Sie sagte wie immer kein Wort. Kein guten Morgen, kein guten Tag, kein gar nichts.
Sie schenkte sich Kaffee ein, streckte die Hand mit der Handfläche nach oben in die Mitte des Tisches, ich sagte nichts dazu. *»Zucker!«* stöhnte sie. Ich: *»Zucker, bitte.«* Sie: *»Wo?«* Ich sagte: *»Man sagt Zucker bitte.« »Is' ja gut, kann ich jetzt den Zucker haben?«* Ich gab den Zucker.
Ihre Mutter fragte: *»Wo ist denn deine Spange?«*
»Die drückt, und außerdem bin ich kein Pony.«
Ich blieb still. Meine Lebensgefährtin kochte nicht nur die besten Eier, sondern jetzt auch vor Wut. *»Das ist die dritte Zahnspange, die drückt. Spangen drücken nun mal. Für jeden Tag ohne Spange nehme ich jetzt den Fernseher für einen Tag aus deinem Zimmer.«*
»Mama, du bist gemein.« Stille.
Ich überlegte, was ich auf mein Brötchen legen sollte. Auf dem Frühstückstisch fanden sich Eier, Käse, Schinken, Salami, Brötchen, Toast,

Mettwurst, Butter, Margarine, drei verschiedene Marmeladen, Müsli, Milch und Kaffee. Dann kam der Spruch der Sprüche:
»Ich geh wieder nach oben, ist ja überhaupt nichts Vernünftiges zum Essen da.«
Ich war baff, blieb aber ruhig, wie immer. Meine Freundin meinte nur: *»Du bleibst jetzt da und frühstückst mit uns. Ich erwarte, dass du dich normal benimmst, Fräulein.«*
Da schoss es aus dem Pubertier: *»Mammaaa«* im Queen-Ton von Freddie Mercury.
Es half alles nicht. Sie musste bleiben und frühstücken. Das sah dann so aus: Das Fräulein schmierte sich ein Brötchen, das dauerte geschätzte zehn Minuten und wurde unterbrochen von circa fünf Telefonaten, die sich in etwa so anhörten:
»Na servus,... nö, kann nicht. Hab' voll die Krücken. Is' so... Muss noch Snacken. Die raffen mich nicht... Nö, bin broke, komm' einfach vorbei. Tschüssi, bis denne.«

Mein Gedanke dazu: Dieser Mensch befindet sich gerade im Umbau. Meine Freundin meinte nur: *»Hormone ab in die Ecke und denkt mal nach, was ihr wieder angestellt habt.«*

Sie zeigte Verständnis und beließ es dabei. Was auch sicherlich der beste Weg ist, wenn Unsinn, Wahnsinn und Blödsinn aufeinandertreffen.
»Hast du deine Burg aufgeräumt?«, fragte meine Freundin. *»Mein Zimmer ist okay und ist übrigens, wie du schon sagtest, meine Burg«,* kam sehr schnippisch von "Baba Jaga".

Jugendliche glauben zwar nicht mehr an den Weihnachtsmann, aber dass Geschirr allein in die Maschine schwebt und Zimmer sich selbst aufräumen. Dort finden sich regelmäßig Berge von "Mc. Fress mich"-Tüten, halb vollen Colaflaschen in verschiedenen Geruchs- und Gärungsstufen und schmutzige Wäsche die den Weg in die Waschmaschine nicht findet, weil sie von Pizzakartons zugedeckt ist.
Ich sagte scherzhaft, aber rechtssicher *»Nach § 1619 des Bürgerlichen Gesetzbuches bist Du verpflichtet, Dein Zimmer aufzuräumen. Da steht nämlich:«*
§ 1619 Dienstleistungen in Haus und Geschäft. Das Kind ist, solange es dem elterlichen Hausstand angehört und von den Eltern erzogen oder unterhalten wird, verpflichtet, in einer seinen Kräften und seiner Lebensstellung entsprechenden Weise den Eltern in ihrem Hauswesen und Geschäft Dienste zu leisten.

Was zwar stimmte aber eher lustig gemeint war, führte dann zuerst zur Googlerecherche und anschließend folgender Antwort:

»Ich bin vielleicht ein Pubertier, wie ihr immer sagt, aber ihr zwei seid schon richtig krasse Geriatiere.«
Aus einem unbekannten Grund tat dies ein bisschen weh.

Der Pate von Kempten

Drei Betten rechts, drei links, je ein Nachtschrank mit Tisch zum Hochziehen, in der Mitte über dem Fenster hängend ein TV-Gerät. Wo sind wir?
In einem Hospital der 70er/80er-Jahre. Genauer gesagt, Stadtkrankenhaus Kempten im Allgäu, so nannte man es damals.
Es gab noch jeden Tag Visite. Mittwoch und Freitag mit Oberarzt. Fein säuberlich wurde von jedem der sechs Mitpatienten die Fortschritte besprochen. Datenschutz wie heute kannte man nicht. Peinlich genug für so manchen. Jeder wusste, ob du mal einen über den Durst getrunken hast, ob du Diabetiker bist oder wann du den letzten Stuhlgang hattest. Der Arzt fragte dann immer: *»Stuhlgang, fest, breiig oder normal?«* Das waren Zustände, die man sich heute nicht mehr vorstellen mag.

Im September 80, ich war 23 Jahre alt, akkurat am 22.9.1980 musste ich auch ins Krankenhaus. Das weiß ich so exakt, weil an diesem Tag der Golfkrieg begann und das wurde von meinen Zimmergenossen im Fernsehen genau verfolgt.

Die Bombenangriffe der Amerikaner wurden live im TV übertragen. Schauderhaft!
Ich hatte Probleme mit dem Magen und die sollten klinisch abgeklärt werden. Nach der Aufnahmeprozedur und einer kurzen Vorstellung beim Stationsarzt wurde ich einem Zimmer zugeteilt. Ich klopfte an der Tür an und trat ein. Bis auf einen älteren Herrn war niemand anwesend.
Dieser Herr begrüßte mich gleich mit einer ruppig formulierten und italodialektisch geprägten Belehrung: »*Hier musse man nickte so laute anklopfe, wenn andere Leute schlaffe wolle.*«
Ich dachte sofort an Al Pacino aus dem Film "Der Pate". Was wiederum in Folge der Ereignisse sehr passend war. Den Film hatte ich erst Tage zuvor gesehen.
Woher sollte ich wissen, dass er gerade schlafen möchte? Ich ersparte mir jeden Kommentar dazu und richtete mich erst mal ein. Also, ich verstaute meine Siebensachen im Nachtschrank, mehr gab es nicht einzurichten.
Ich verließ das Zimmer in Richtung Raucherraum und traf dort auf vier junge Burschen. Sie unterhielten sich gerade über einen Herrn, den sie immer den "Paten" nannten. Schnell stellte sich heraus, dass es sich

um meine Zimmergenossen handelte und dass sie von dem Italiener sprachen. Giuseppe war sein Name.
Dieser besagte Giuseppe war wegen seines Übergewichtes und den damit verbundenen gesundheitlichen Problemen wie Diabetes, Bluthochdruck, Cholesterinspiegel und anderer Beschwerden im Krankenhaus.
Nach einer Stunde und drei Zigaretten später war ich von der "Jungen Rasselbande" über unkollegiale Verhalten des Herrn Giuseppe aufgeklärt, quasi vorgeimpft worden. Demnach erlaubte sich dieser nette Zimmerkollege so allerhand.
Er war z. B. alleiniger Programmchef, wenn es um die Nutzung des Fernsehers ging.
Was mir egal war, weil ich nicht viel vor der Flimmerkiste saß.
Auch durfte sich niemand im Zimmer aufhalten, wenn er seine Schlaf-und Ruhezeiten hielt. Das kleinste Geräusch würde ihn wecken und großes Palaver wäre die Folge.
Was mir egal war, da ich lieber im Park spazieren ging oder ein Buch las. Die Sendungen, die sich Herr Giuseppe da reinzog, waren nicht unbedingt sehenswert, noch nicht mal unterhaltsam. Leider ließ es sich während

der Essenszeiten nicht verhindern, diesen Müll zu sehen und vor allen Dingen zu hören.
Abends lief die Kiste bis 23 Uhr und länger. Das nervte mich allerdings sehr.
Giuseppe sagt dazu, als ich mich am ersten Abend beschwerte: *»I schaue, wann i wille, habi ja sonste nickte viele zum Lacke da. Dicke gehte das eine Scheißedreck an.«*

So herrschte er über das ganze Zimmer, hatte alle Fäden in der Hand und keiner widersprach ihm. Manchmal erledigten die jungen Zimmergenossen Botengänge für ihn. Sie besorgten Zeitungen, Süßigkeiten und andere Dinge für den "Paten". Giuseppe selbst ließ sich nie am Kiosk sehen. Es durfte auf keinen Fall bemerkt werden, dass er neben den normalen Mahlzeiten irgendetwas zu sich nahm. Also erledigten das seine Jungs. Die Burschen hatten ihre eigenen Abwehrmechanismen abgeschaltet oder nie welche gehabt. Giuseppe "Der Pate" kannte seine Wirkung auf die Scharwenzel. Er erfand immer wieder neue Möglichkeiten, um sich mit ihrer Hilfe den Aufenthalt in der Klinik so angenehm wie möglich zu gestalten.
Zum Motzen und Meckern gingen alle raus und versammelten sich konspirativ im Raucherraum.

Am nächsten Tag Visite ohne Oberarzt, der war nur Mittwoch und Freitag dabei. Der zuständige Stationsarzt ging von Patient zu Patient und stellte seine Fragen. Er besah sich die nötigen Fieberkurven, die an jedem Bettende hingen.
Manchmal gab es Anweisungen oder auch medikamentöse Verordnungen, die er an die begleitende Krankenschwester richtete. Wir, die Patienten, stellten unsere Fragen, die meist so beantwortet wurden: *»Das werde ich noch mit dem Oberarzt besprechen.«* Richtige Antworten und Entscheidungen gab es also nur Mittwoch und Freitag.
Nach 15 Minuten war die Visite beendet. Unsere Stimmung war ausgezeichnet. Lediglich "Der Pate" hatte mit den Entscheidungen des Arztes zu kämpfen. Er wurde auf 1000 Kalorien gesetzt, sein Zuckerwert und der Cholesterinspiegel waren aus dem Ruder gelaufen. Außerdem lehnte der Arzt eine Entlassung zum Wochenende strikt ab, wenn die Werte so blieben. Giuseppe reagierte verbal, es war bis auf den Gang zu hören: *»Du kanns mi am Arsche lecke zu dumme Dottore. Du musse den Fraße ja nickte fresse, Hospedale, maledetto.«* (Krankenhaus, verfluchtes).
Auf der Toilette befanden sich verschiedene Urinbehälter aus Glas. Es standen Namen drauf.

Die benannten Patienten*innen mussten dort ihren Morgenurin sammeln, der dann im Labor ausgewertet wurde.
Giuseppes Entlassung zum Wochenende hing also an einer 2 Liter großen Urinsammelflasche. Besser gesagt an den Werten, die er dort hineinpinkelte.
Gut zu wissen, dachte ich. Geduld ist die Mutter der Weisheit.
Die Woche verging erlebnisreich. Auf der Station war immer was los. Einer der fünf Mitpatienten meines Zimmers war mit knapp 25 schon starker Alkoholiker. Er musste sieben Tage in der Klinik verbringen, um für den kommenden Aufenthalt in einer Entzugsklinik eingestellt zu werden. Untersuchungen, Leberwerte und andere Laborergebnisse waren fundamentale Informationen für die Heilanstalt, in die er anschließend kommen sollte. Und nicht zu vergessen, es musste auch sichergestellt werden, dass er eine Woche trocken war.
Das konnte aber dieses Krankenhaus nur bedingt leisten. 24 Stunden Überwachung war nicht möglich. So hatte der trinkfeste Junge genug Zeit, sich täglich am Kiosk Flachmänner zu kaufen, um sich im Park den Schädel zu fluten.

Der zweite Tag in der Klinik verlief vorerst unspektakulär. Es regnete stark. Ich blieb auf der Station, las im Zimmer in einem Buch. Giuseppe sah fern. Viel zu laut, um lesen zu können. Das brachte mich auf die Palme. *»Kannst Du die Kiste mal ein bisschen leiser machen,«* bat ich ihn höflich. Giuseppe brummte im Ton des Paten: *»Nein, kanne nickte. Musse ja was höre von die Sache da.«* Ich zog den Stecker vom TV-Gerät und las weiter. Giuseppe schrie: *»Spinneste du kleine Deppe?«,* stand auf und steckte den Stecker wieder in die Dose. Demonstrativ stellte er das Gerät jetzt noch lauter. Mit platzte der Kragen.

Ich nahm ein Taschenmesser aus meiner Schublade, zog den Stecker, schnitt das Kabel ab und legte den Stecker auf seine Bettdecke. *»So, jetzt ist Ruhe, du Spinner!«* schnaubte ich zurück und es ward Ruhe.

Giuseppe hatte den Notruf gedrückt. Plötzlich stand die Krankenschwester im Zimmer.
Nach Giuseppes Ausführungen und Beschimpfungen in meine Richtung belehrte sie den italienischen Herrn, dass es gut sei, wenn etwas Ruhe in diesem Zimmer einkehre.

»Wann komme die Elektromann, um dasse zu richte?« fragte Giuseppe in weinerlichem Ton.
Die Krankenschwester sagte nichts mehr dazu und verließ das Zimmer.
Natürlich musste ich mir von der Schwester auch die Leviten lesen lassen. Sie war dabei sehr ruhig und lächelte mehr darüber, als dass sie böse war.
14 bis 16 Uhr war Besuchszeit. Pünktlich um 14 Uhr ging die Türe ohne Klopfen auf und eine kleine, dicke Italienerin, eine "la Mamma", die typische italienische Mutter und Hausfrau, betrat den Raum. Sie ging zu Giuseppe ans Bett, küsste ihn und stellte einen geflochtenen Korb auf den Boden.
Es ging laut und italienisch zur Sache, immer wieder zeigte Giuseppe in meine Richtung und warf mir einen abschätzigen Blick zu. Verstanden habe ich nichts, aber ich wusste, dass er jetzt die Geschichte vom Fernseher erzählte. Ich schmunzelte in mich hinein und las weiter.
Angelina, so nannte Giuseppe seine Frau, legte ihm eine Serviette aufs Bett, zog den Tisch aus dem Nachtschrank und begann aus ihrem Korb heraus mit dem Servieren. Der 1000-Kalorien-Patient verschlang in wenigen Minuten einen Teller Blattspinat, auf dem sich eine Zentimeter

hohe Ölschicht befand, mehrere große Kartoffeln und ein enormes Stück Rindfleisch.
Eine gewaltige Portion für eine Diät, zumal er schon zu Mittag gegessen hatte. Und nicht zu vergessen: the same procedure was every day.

Dein Wochenende ist besiegelt, Don Giuseppe, dachte ich und sah zu, wie er die in Aussicht gestellte Entlassung zum Freitag in sich hineinfraß. Für den Rest sorgten dann die Jungs und ich.
15:30 Uhr konspirativer Treff im Raucherraum.
Wir rauchten und alberten über die Eskapaden rund um Giuseppe, die er sich auch mit dem Pflegepersonal erlaubte.
Wir beschlossen einstimmig, die Urinflasche zum Objekt unserer Rache zu machen und pinkelten Donnerstag früh alle fünf unseren Morgenurin in die Flasche, auf der Giuseppe B. stand.
Die hohen Leberwerte unseres Alkis und das derbe Durcheinander der Werte von den restlichen Zimmergenossen sollten die Entlassung Giuseppes verhindern.
Freitag: Die Visite mit Oberarzt war sehr spannend. Wir warteten alle, bis Giuseppe an der Reihe war.

Der Oberarzt ließ ihn nicht nach Hause, weil sowohl Leberwerte als auch Cholesterin viel zu hoch waren.
Die Rache des kleinen Mannes hat funktioniert und bescherte uns noch ein paar sehr "unterhaltsame" Tage mit Giuseppe, dem "Paten von Kempten".
Giuseppe meinte dazu*: »Irgende wasse habe de mit meine Urine gemacht, die Saubande.«*

Giuseppe, der Pate, wurde in den letzten Tagen deutlich ruhiger. Auch seine Frau hielt sich zurück mit der Extra-Verköstigung.
Vielleicht haben wir ihm sogar das Leben gerettet. ☺

Polizisten lügen nicht

Das soll jetzt keine Hetze gegen Polizisten werden. Müsste man ja sonst auch noch die Kirche, die Versicherer, die Metzger, die Autoverkäufer, die Bänker und einige andere Berufsgruppen in den Dreck ziehen.
Nein, das möchte ich nicht. Sie werden den Titel der Geschichte am Ende verstehen und sicherlich auch akzeptieren.

Es war 1979. Ich wollte ein Auto kaufen. Damals kaufte man sein Auto entweder beim Händler an der Ecke, in einem Autohaus oder von privat inseriert in einer Tageszeitung. Manchmal auch aus Wochenblättern. Für meinen alten Käfer 1303 würde ich ca. 1000 DM bekommen. Er war noch gut in Schuss, hatte ein Jahr TÜV, war aber zu klein für die Familie geworden. Ich klapperte zunächst alle Autohäuser und Händler ab. 3500 DM konnte ich für den Neuen investieren.
Ich fand ihn in einem der Allgäuer Wochenblätter.
Es war ein Peugeot 504 TI. Der Wagen hatte eine etwas eigenwillige Form. Aber das passte,

denn Grad neigte ich immer schon zu Außergewöhnlichem.
Der Peugeot sollte 2800 DM kosten. Er war schneeweiß und hatte eine Anhängevorrichtung. Vier Türen. Für unsere Familie ein ungewohnter Luxus.
106 PS tobten unter seiner Haube. So einen schnellen Wagen hatte ich bis dahin noch nie gefahren.
Der Verkäufer war Polizist in Kempten, was ich an der Uniform ausmachte, die er bei unserem Deal trug. Ich ließ mir sein Fahrzeug in allen Details vorführen.

Die Rahmenbedingungen waren in Ordnung. Das Auto hatte gerade erst die Hauptuntersuchung bestanden. Nach einer längeren Probefahrt und dem Umstand geschuldet, dass man Polizisten immer vertrauen kann, willigte ich ein, den Wagen für 2500 DM zu kaufen.
Ich fuhr ihn gerade 3 Wochen, da passierte Folgendes:
Ich stand mit meinem Peugeot an der Kreuzung Adenauerring/Ecke Kaufbeurerstraße bei Rot an der Ampel, wollte über die Stephanstrasse Richtung Autobahn Memmingen.

Neben mir stand ein alter Mercedes, dessen Fahrer mich anstarrte, immer wieder Gas gab, um mich zu animieren. Er wollte ein kleines Rennen fahren und mal den Krieg der (Mercedes) Sterne proben.
Bei Gelb gaben wir beide Vollgas, dann machte es Rums und ich brach mit dem hinteren Rahmenteil des Sitzes durch den Wagenboden. Ich sah nichts mehr, nur noch Himmel. Und Funken, die um mich herum sprühten. Ich wusste nicht mehr wo ich fuhr und fing schon mal an zu beten. Mit ungeheuerem Druck auf's Bremspedal bremste ich den Wagen ab und brachte ihn zu Stehen.
Die Polizei traf am Unfallort ein. Nachdem ich meine Geschichte erzählt hatte und schwor, den Wagen erst 3 Wochen zu besitzen, riet man mir, aufs Revier zu kommen, um eine Anzeige gegen den Verkäufer zu erstatten.
Der Polizist sagte:»*Das kann ja nicht sein, dass man ein TÜV-geprüftes Auto kauft und drei Wochen später durch den Wagenboden knallt!*«
Ja, dachte ich.

Ich hatte viel Glück, obwohl sich die Geschichte im Nachhinein doch sehr lustig anhörte und jahrelang für Lacher sorgte, wenn ich sie erzählte.

Als ich zwei Tage später mit meinen Kaufpapieren im Polizeirevier auftauchte, um die Anzeige zu machen, begrüßte mich der Polizist, der den Unfall aufgenommen hatte. Er fragte mich, in welcher Sache ich da wäre, und ich sagte nur: *»Ich kenn 'nen Witz von Onkel Fritz, der hat ein Auto ohne Sitz.«* Er lachte und wusste sofort wieder, wer ich war.
Als ich die Anzeige zu Protokoll gab, sah er, dass der Verkäufer einer seiner Kollegen war. Da drehte er sich wie eine Fahne im Wind. Aus dem sich um das Volk sorgenden Polizisten war ein kollegialer Freund geworden. Er wollte nichts mehr von seiner Empfehlung, Anzeige zu erstatten, wissen und meinte, man müsse schließlich dem Verkäufer erst einmal Gelegenheit geben, die Sache zu klären. Also ließ er seinen Kollegen kommen. Wir klärten die Sache dann wie folgt:
Ich bekam mein Geld zurück, den Schrott konnte ich behalten. Aus einem „unbekannten Grund" war es ihm unangenehm, länger darüber zu diskutieren. Man hätte dann ja prüfen müssen, wie solch ein Defekt bei der Hauptuntersuchung durchkam oder wer da seine Finger im Spiel hatte. Seiner Position als Polizist stand das auch nicht gut an.

Ein autotechnisch versierter Freund hat mir dann für 300 DM ein neues Bodenblech eingearbeitet. So wurde der Wagen zum Schluss sogar noch ein „Schnäppchen“.
Meine Freunde nannten mich lange Zeit wegen dieser Geschichte Car los, "Der Spanier, der kein Auto mehr hat".

Am sichersten ist immer noch ein Dreirad!

Wenn es Kuhscheiße regnet

Einer unserer besten Freunde war Polizist. Lars, ein Kamerad aus den Berliner Zeiten meiner Frau.

Er war jedes Jahr eine Woche bei uns zu Gast, liebte die Berge, war lustig und gerne auch mal betrunken. Eigentlich war er kein typischer Polizist, eher eine "Bierdose in Uniform".

Wenn Lars bei uns war, stand immer eine Wanderung auf die Grüntenhütte mit Übernachtung und reichlich Alkohol an. Andrea, die Hüttenwirtin, war ebenfalls eine Freundin meiner Frau. Im Sommer 1992 war es wieder einmal so weit. Lars kam von Berlin angefahren und am nächsten Tag sollte es auf den Grünten gehen.

1477 m über dem Meer lag die Grüntenhütte. Bis zum Gipfel waren dann noch 240 Höhenmeter zu bewältigen. Vom Parkplatz in Kranzegg, wo wir noch zwei weitere Freunde in die Gruppe aufnahmen, gingen wir los. Mit von der Partie waren auch noch Schwägerin und Schwager, auch aus Berlin, aber schon Jahre im Allgäu lebend.

Eine geschotterte Serpentinenstraße führte uns zuerst zur Alpe Kammeregg, die man schon

nach wenigen Minuten auf etwa 1130 m Höhe erreicht.
Wir schnallten unsere Rucksäcke auf und hoch ging es. Zur Erinnerung: Es sind lediglich 15 Minuten zu gehen bis zur Alpe Kammeregg. Anscheinend war der Weg für Lars dermaßen anstrengend und machte so mächtig Durst, dass Lars es schaffte, bis dahin vier Dosen Bier zu leeren. Er machte bereits einen besonders angeheiterten Eindruck. Aber das störte mich nicht, denn Lars war in diesem Zustand sehr lustig und redselig.
Unser Berliner "Blechbiertrinker" ging langsam, er genoss die Aussicht und jeden Schluck aus seinem metallenen Trink-Utensil. Von der Alpe Kammeregg bis zur Grüntenhütte waren es zwei beschwerliche Kilometer, steil bergauf, Höhenunterschied etwa 400 Meter. Mit dem Auto acht Minuten, zu Fuß ist man ca. fünfzig Minuten unterwegs. Rechnet man die Entfernung vom Parkplatz Kranzegg bis zur Alpe Kammeregg, und einen Gerstensaftverbrauch von vier Dosen, würde man auf etwa 16 Dosen Bier kommen. Das wiederum entspricht einem Bierkonsum von 5,28 l Bier in einer Stunde. Fairerweise muss man entgegenhalten, dass eine Stunde, harten Fußwegs, einer tatsächlichen Lebensfrequenz

von 5 Stunden entspricht. Trotzdem wäre es eine beachtliche Leistung und einen Eintrag ins "Guinnessbuch der Rekorde" wert würde man diese Menge Bier wegzwitschern.
Keiner von uns fünf Wanderern wusste, wie viele Dosen Lars in seinem Rucksack gebunkert hatte und ob er den Nachmittag überleben würde.
Lars hatte, und Lars überlebte die Tour, erstaunlicherweise. Er war in der Lage, sich konsequent den Gipfel hochzusaufen und dabei mit gleicher Beharrlichkeit jeden achten Schritt einen tiefen Schluck aus seiner Bierdose zu machen. Der Rest der Gruppe war es gewohnt, in den Bergen zu wandern, was immer auch eine Kopfsache ist. Lars hingegen kam ein Mal im Jahr in die Alpen.
Die leeren Dosen klapperten schon bald wie Kuhglocken in seinem Tornister. Während ich mich mit den Gräsern und Blumen auf dem Weg auseinandersetzte, hatte Lars andere Probleme zu lösen. Der Ring einer Bierdose war abgerissen und er kam nicht mehr an den herrlichen Inhalt.
Kurzerhand verschaffte er sich dann mit einem Taschenmesser den Zugang zum alkoholischen Genuss.

Pausen waren für ihn nur zum Pinkeln nötig. Essen nicht unbedingt erforderlich. *»Wenn ick jetzt noch wat esse, kotz ick doch det janze schöne Bier,«* meinte er, wartete aber geduldig ab, bis wir unsere Rast beendet hatten. Er trank in der Pause, na was wohl? Eine Dose Bier.

Endlich an der Grüntenhütte angekommen war erst mal große Begrüßung angesagt.
Andrea, die Wirtin, teilte uns mit, dass sie bis unters Dach belegt sei. Eine Gruppe von Wanderern, allesamt zwischen 75 und 80 Jahre alt, hätten kurzfristig eine Übernachtung gebucht. Wir verzichteten gerne auf unsere Plätze im Matratzenlager. Es war ein heißer Tag und immer noch warm genug in der Nacht, um unter klarem Sternenhimmel zu schlafen. Andrea hatte angeboten, uns mit Schlafsäcken zu versorgen und stellte ein kostenloses Frühstück in Aussicht.
Da wir es den alten Herrschaften nicht zumuten wollten, im Freien zu nächtigen und als Schwaben das kostenlose Frühstück nicht ausschlagen konnten, stimmten wir zu.
Lars bestelle erst mal mit den Worten: *»So, jetzt hab ick mir abba ehn bayerischet Weißbier verdient.«*

Wir waren erstaunt, was so ein Mensch alles saufen kann. Wie ein Bürstenbinder goss er sich drei Weißbiere nacheinander in seinen Schlund. Wir saßen noch lange, erzählten von alten Zeiten, früheren Wanderungen auf die Grüntenhütte und manch anderen Geschichten, rund um die Urlaubserlebnisse von Lars bei uns im Allgäu.
Gegen 21 Uhr gingen wir nacheinander zum Duschen und holten bei Andrea unsere Schlafsäcke ab. Ich freute mich schon auf die Übernachtung unter Sternen. Wir schliefen auf einer Wiese hinter der Hütte, neben der auch manchmal Jungvieh weidete. "Schumpen" werden die Jungtiere im Allgäu genannt. Die Grünfläche war eingezäunt mit Stacheldraht. Lars hatte so seine Schwierigkeiten über den Weidezaun zu klettern. Wir benötigten fünf Minuten, um den betrunkenen Kameraden aus dem stacheligen Verhau zu befreien.
Dabei lachte Lars unaufhörlich. Trotz seiner zerkratzen Hände. Er war gar nicht mehr bei Verstand und völlig gefühllos. Seine Hemmschwelle war auf ein Rekordtief gesunken. Mehr oder weniger schafften wir es, ihn in den Schlafsack zu bekommen. Nach diesem Kraftakt schliefen wir auch bald ein.

Wie gewohnt wachte ich mit dem ersten Sonnenstrahl auf und sah in einen blauen Himmel, wie man ihn nur selten zu Gesicht bekommt. Ein Blau, das in der Lage war, jedes Gemüt in Hochstimmung zu versetzen.
Ein Blick nach links lehrte mich jedoch das Fürchten. Lars war in der Nacht aufgestanden, um zu pinkeln. Dabei flog er über den angrenzenden Weidezaun und pennte dort weiter. Bis heute ungeklärt ist die Tatsache, dass er in seinem Schlafsack lag, mitten zwischen den Jungkühen. Er war von unten bis oben vollgeschissen.
Als ich es durch laute Zurufe geschafft hatte, ihn zu wecken, reagierte er „sehr nüchtern" obwohl er sprichwörtlich in der Scheiße saß. Sogar sein Haarschopf war völlig zugeschissen. Mit gespreizten Fingern schob er seine Haare über die Stirn nach hinten und hatte jetzt auch noch die Hand voller Scheiße. *»Is ja janz schön scheiße hier, wa,«* murmelte er, quälte sich hoch und verschwand in der Dusche.
Wir saßen alle bereits lange beim Frühstück, als Lars frisch geduscht und lachend an den Tisch kam. *»Na, fängt ja scheiße an, dein Tag«* scherzte mein Schwager.
Lars sagte nichts, er setzte sich an den Tisch. *»Erst mal nur Kaffee. Essen is jetze noch nischt«,*

berlinert er trocken und merkte gar nicht, dass er auf einmal allein am Tisch saß.
Weil er immer noch stank, wie ein kastrierter Hengst waren alle, die Füße hatten, umgehend aus seinem Dunstkreis geflüchtet.
»Dette wird wohl mein erster beschissener Urlaub im Alljäu«, kam mit einer Alkoholfahne aus seinem Munde.
Das sahen wir auch so…

Komm ein bisschen mit nach Italien

"Komm ein bisschen mit nach Italien, komm ein bisschen mit ans blaue Meer."

Dieses Lied sang einst Caterina Valente. Damit war sie einer der besten Werbeträger für Italien. Der Schlager wurde im Radio rauf und runter gespielt. Sehnsüchte wurden geweckt. Urlaub, Sonne, Meer und Ruhe versprach das Lied. So machten sich Millionen Deutsche über Österreich oder die Schweiz auf den Weg nach Italien. Als kleiner Junge sah ich die Bilder oft im Fernsehen und konnte es kaum erwarten, erwachsen zu werden, um auch mal dorthin zu reisen.

Dieser Traum wurde für unsere Familie 1979 Wirklichkeit.

Der erste Urlaub mit unseren drei Kindern. Wir wollten einfach mal weg und hatten eisern für die Urlaubsfahrt nach Italien gespart.

In der letzten Augustwoche ging es los. Tage zuvor wurden schon Koffer und Taschen gepackt. Bis zur letzten Sekunde suchten die Kinder noch Kuscheltiere und Spielzeuge zusammen, die sie gerne mitnehmen wollten. Spielkarten und Flummis durften auch nicht fehlen. und natürlich Brotzeit für unterwegs

und Süßes musste unbedingt mit. Dann endlich war er da, der Tag der Abfahrt.
Alle Koffer, Taschen und das große Zelt wurden ins Auto geladen. Oder besser gesagt, sollten verstaut werden.
Das ging aber nicht, der Kofferraum war einfach zu klein. Damals fuhr ich einen Fiat 128 Limousine.
Es fühlte sich an, als wollte ich einen Elefanten in einen Kühlschrank stopfen. Zwei der Koffer mussten ausgeräumt, die Kleider lose verstaut werden. Gedacht, getan.
593 km lagen vor uns. Kempten-Caorle.
Über Füssen nach Reutte (Tirol), weiter nach Telfs bis Innsbruck, dann auf der alten Brennerstraße bis nach Verona. Von dort aus auf die Europastraße 70. Eine Autobahn, die uns bis nach Santo Stino die Livenza führte. Jetzt noch 28 km bis Caorle und dann Urlaub, Urlaub und noch mal Urlaub.
Wir fuhren ganz früh los. Es war 4 Uhr 30, als ich den Kofferraumdeckel gegen den Widerstand des Gepäcks endlich geschlossen hatte.
Dafür wurden wir gleich hinter Kempten Richtung Nesselwang mit dem Blick auf die aufgehende Sonne und die herrlichen Allgäuer Alpen belohnt.

Dann waren wir in Füssen. Noch vier Kilometer bis zur österreichischen Grenze. Ja, die gab es damals noch. So eine richtige Grenze mit Schlagbaum und einem mürrischen Zollbeamten.
Immerhin musste er wegen eines popeligen Fiat seine Ruheposition verlassen, was man damals als Durchreisender oft zu spüren bekam.
Allen Unkenrufen zum Trotz war der Beamte sehr freundlich. Er sah die Kinder auf dem Rücksitz und lächelte, winkte uns weiter und wünschte schöne Ferien.
Das allein wäre schon ein guter Grund, nicht ohne Kinder zu verreisen.
Wir kamen noch bis Reutte, dann ließ sich das Auto nicht mehr richtig lenken. Plattfuß vorne rechts. Ich quälte den kleinen Fiat noch 100 m bis zum nächsten Parkplatz, der direkt neben einer Kuhweide lag. Es war 5:30 Uhr, wir hatten schon 20° C, aber einen Platz im Schatten. Also nichts wie ran. Kofferraum ausräumen. Da lag das Reserverad drin, und zwar ganz unten.
Sohn 1, der Vierjährige, half kräftig mit.
Unsere Tochter saß auf der Wiese am Parkplatz und las. Meine Frau spielte mit dem Zweijährigen, den wir von jetzt an Sohn 2 nennen wollen. Sohn 1 nahm ein

Kleidungsstück nach dem anderen und legte es auf der Wiese ab.
Als der Kofferraum leer war, orderten wir eine Limonade und zwei Stullen bei Muttern und machten eine kurze Pause.
Sohn 1 war richtig stolz, so fleißig mitgeholfen zu haben. Voller Eifer aß er sein Wurstbrot. Plötzlich schrie meine Frau laut auf: *»Wie, kannst du den Kleinen das machen lassen? Die ganzen Klamotten liegen in Kuhfladen!«*
Sicherlich war das ärgerlich, ich hätte aufpassen müssen, aber wir ließen uns die Laune nicht verderben.
Ich nahm Sohn 1 an die Hand, wir gingen zum Auto, grinsten uns an und sangen:
»Komm ein bisschen mit nach Italien.. Komm ein bisschen mit ans blaue Meer.. Und wir tun, als ob das Leben eine schöne Reise wär. Komm ein bisschen mit nach Italien. Komm ein bisschen mit, weil sich das lohnt, denn am Tag scheint dort die Sonne und am Abend scheint der Mond.«
*»Ich finde das nicht lustig«, mein*te meine Gattin und schmollte.
Während sie nun damit beschäftigt war, die Kleider einigermaßen sauber zu bekommen, wechselten Sohn 1 und ich den Reifen.

Also: Der Vierjährige beschränkte sich auf's Zusehen. Er war richtig begeistert bei der Sache, interessiert an der Technik, wie alle Jungs in diesem Alter. Und immer wieder trällerten wir:

»Komm ein bisschen mit nach Italien. Komm ein bisschen mit ans blaue Meer.«

»Endlich geschafft«, rief ich in die Runde und gönnte mir genüsslich eine Zigarette. Meine Frau war immer noch mit den Kleidern beschäftigt. *»Wo ist Sohn 2?«* Vor Aufregung wurde ich etwas lauter. Der Verkehr hatte bereits zugenommen, es war jetzt 7 Uhr. Der Kleine war nirgends zu sehen.

Die Tochter las seelenruhig weiter und ignorierte unsere panische Suche nach ihrem kleinen Bruder. *»Der kann nicht weit sein,«* meinte sie gelassen.

Und wirklich, es war so. Sohn 2 war unter dem Weidezaun hindurch auf die Wiese gelaufen und saß mitten zwischen den Kühen, die friedlich neben ihm grasten. Allerdings saß auch er auf einem Kuhfladen.

Ja, Eltern sind wirklich nicht zu beneiden.

Als der Kleine endlich wieder sauber war konnten wir die Reise fortsetzen. Wir wollten schließlich in die Bucht von Venedig, noch 590

km. Es war jetzt 7:30 Uhr und wir waren gerade mal 60 km von zu Hause weg.
Nun begann der ganz normale Wahnsinn. Zwischen Reutte und Heiterwang musste unsere Tochter dringend auf die Toilette. »Halt *noch 10 Minuten aus, wir müssen eh' in Gries zum Tanken raus«*, sagte ich. »*Es stinkt«,* rief Sohn 1 und deutete auf Sohn 2. Der hatte nicht die Hosen voll, er stank nach Kuhfladen. Eine Erinnerung an seinen Alleingang auf der Kuhweide.
Wir schafften es nicht bis Gries. Fast hätte sich die Sechsjährige in die Hosen gepinkelt. Gerade noch rechtzeitig erreichten wir einen Parkplatz. Ab in die Büsche! Nach 5 Minuten ging's weiter Richtung Gries. Sohn 1: »Wann *sind wir denn in Italien?« »In zwei Stunden fahren wir über die Grenze. Bis Caorle wird es wohl Nachmittag werden«, stellte* ich nicht gerade optimistisch fest.
Tochter: »Kann *ich ein Eis haben?«, S*ohn 1,» Ich *möchte auch eins.«*
Sohn 2 schlief den Schlaf des Gerechten und stank leise vor sich hin.
Es roch so stark, dass man glauben konnte, wir hätten einen Viehanhänger mit uns gezogen.
Das schaffte der Zwei-jährige ganz allein.

Als wir in Gries angekommen waren, kümmerte sich meine Gemahlin erst mal um den „Stinker-Sohn 2“. Er schrie fürchterlich, als er aus dem Schlaf gerissen wurde.

Dann Tanken, Eis für die Kinder, Toilette, Zigarette, Kaffee und ab Richtung Grenze.

Alte Brennerstraße, 6 km Stau vor der österreichisch-italienischen Grenze.

Sohn 1: *»Es stinkt immer noch.«* Meine Frau*: »Kann nicht sein, Sohn 2 ist komplett umgezogen.«* Sohn 1: *»Es stinkt aber nach Kühe.«*Durch unsere Qualmerei im Auto hatten wir den Geruch gar nicht mehr wahrgenommen.

Der Kleine hatte recht, es stank immer noch nach Kuhfladen.

Zwei Stunden später standen wir endlich vor'm Schlagbaum. Ein Riese von italienischem Zöllner stand an meiner Scheibe und nahm unsere Pässe entgegen. Er deutete mit einer Hand die Straße entlang und sagte auf italienisch: *»Dove vuoi andare?«* Ich: *»Nach Caorle.«* Nicht gerade freundlich stellte er fest: *»Ma hai bisogno di documenti per il piccolo nel seggiolino.« Jetzt* benötigte ich mein Deutsch-Italienisch-Wörterbuch. Irgendwas von Ausweis und Seggiolino hatte er gesagt. Nach ein wenig blättern wusste ich, dass er ein

Ausweispapier für den Zweijährigen sehen wollte.
Hatten wir nicht, also zu Fuß zurück zur österreichischen Grenze. Frau und Kinder blieben beim Auto. Zweieinhalb Stunden musste ich warten, um eine vorläufige, einmalige Einreisegenehmigung für Sohn 2 zu erlangen. Die Österreicher hatten über Amtshilfe das Dokument per Fax von der Grenze in Reutte bekommen. Ohne Ausweisbild, nur Name und Adresse standen auf dem Papier und natürlich ein Stempel. Die Wichtigkeit dieses Dokuments war als hoch einzustufen. Der Sinn verschloss sich mir jedoch völlig.
Auf jeden Fall hatten wir nun alle nötigen Papiere, um nach Italien einzureisen. Es war inzwischen 10:30 Uhr..
Nächstes Etappenziel war Verona, 240 km.
Sohn 1: »Ist *Caorle noch in Deutschland? «*
Ich: *»Nein, Caorle ist in Italien, wir sind doch gerade über die Grenze gefahren.«* Tochter: *»Das begreift der nicht.* «Sohn 1 sauer: *»Aber du begreifst alles, weil du in die 1. Klasse gehst?*«
Tochter: *»Ich bin jetzt schon in der 2. Klasse. Nicht einmal das weißt du.«*
Herrlich, diese Dialoge, manchmal allerdings auch anstrengend. Die einzige Methode, sich dem zu entziehen, ist es, den Radio lauter zu

stellen. Eine Unterhaltung mit der Ehefrau ist dann allerdings auch nicht mehr möglich.
Der Kleine im Kindersitz schlief immer noch. Hier war wenigstens kein Angriff auf mein Nervenkostüm zu befürchten, dachte ich.
Eine Vollbremsung in Höhe Rovereto rüttelte den Zwerg im Kindersitz wach.
Alle Versuche, ihn mit Keksen, Limonade oder Spielzeug zu beruhigen, hatten noch empörteres Geschrei zur Folge.
»Kacka!« schrie es mehrfach aus dem Kindersitz. Noch bevor ich den nächsten Parkplatz anfahren konnte, spürte ich ein unangenehm warmes Gefühl auf meinem Rücken. Die Tochter rief: *»Sohn 2 kotzt!« »Merk ich,«* sagte ich und fuhr eine Minute später auf den nächsten Parkplatz.
Meine Angetraute verschwand mit dem „Kacker" in die Büsche. Ich machte mich mit Mineralwasser und einem Handtuch sauber und zog mich um.
Jetzt noch eine Zigarette und mittlerweile kalten Kaffee, dann setzten wir unsere unglaubliche Reise fort. Wir hatten mehr als die halbe Strecke geschafft, noch ungefähr 230 km vor uns. Nach hundert Kilometern fuhr ich am Rastplatz "Parcheggio Scaligera Sud" von der Autobahn um zu tanken. Auch eine

Zigarettenpause war angesagt. Seit Rovereto haben wir auf Bitte der Bambini das Rauchen eingestellt. Meine Angetraute besorgte uns Kaffee. Die Kinder hatten einen Spielplatz entdeckt und sich dorthin verkrümelt.
Meine Frau und ich setzten uns auf eine Bank mit Blick auf die spielenden Kinder. Wir rauchten und unterhielten uns. »*War ein bisschen viel Anfangsstress*«, flüsterte ich und nahm sie in den Arm. Sie sah müde aus. *»Morgen Vormittag liegst du in der Sonne und denkst nicht mehr dran, hm.« »Dein Wort in Gottes Ohr«,* antwortete sie lächelnd. Plötzlich sprang sie auf und rannte auf den Spielplatz . Ich begriff zuerst nicht, sah aber dann, dass Sohn 2 von einem Klettergerüst gestürzt war. *»Schnell, bring den Verbandskasten!«*, schrie sie. Ich holte das Verbandszeug aus dem Auto. Der Kleine hatte eine Kopfplatzwunde, die sicher genäht werden musste. Ich legte meinem Sohn, der ängstlich mit den Händen fuchtelte und furchtbar schrie, einen Verband an.
Wir fuhren nach San Bonifacio in das Hospedale. Dort angekommen schrie Sohn 2 aus vollem Halse. Sofort liefen mehrere Krankenschwestern zusammen, um den verwundeten kleinen Mann zu versorgen. *»Cosa é successo?«* (Was ist passiert) fragte eine von

ihnen. *»incidente al parco giochi,«* *(Unfall auf dem Spielplatz)* sagte ich. Das hatte ich vorher aus dem Wörterbuch noch auswendig gelernt, um die Situation beschreiben zu können. Es dauerte 15 Minuten bis der Arzt die Wunde narkotisieren konnte.

Denn Sohn 2 büchste aus als er die Spritze sah. Er musste erst wieder von Mama eingefangen und beruhigt werden. Die Schwestern schleppten allerhand Plüschtiere an, um die "beruhigungstherapeutische" Maßnahme zu unterstützen. Der Arzt nähte die Kopfplatzwunde mit fünf Stichen. Gegen 17:00 Uhr verließen wir das Krankenhaus.

Natürlich musste Sohn 2 für seine Tapferkeit jetzt mit einem großen Gelato belohnt werden. Also, Eisdiele, es war 17:20 Uhr. Als jedes Kind sein Wunscheis aufgegessen hatte, konnten wir weiterfahren. Es war 18:00 Uhr.

Wieder auf die Autobahn Richtung Caorle. 152 km mussten wir noch runterrattern. Nach 10 km Tochter: *»Ich muss dringend mal.«* Sohn 1: *»An der Eisdiele war auch ein Klo.«* Tochter: *»Da musste ich noch nicht.«* Sohn 2*: »Mädchen sind doof.«* Tochter: *»Mama, sag' doch auch mal was.«* Mama: *»Du hättest bei der Eisdiele noch mal aufs WC gehen können.«* Sohn 2: *»Nä, nä, nä nä nä nä.«* Tochter: *»Du bist ja blöde.«*

Ich, mit plagiiertem Lautsprecher: *»Meine sehr verehrten Damen und Herren, in wenigen Minuten werden wir eine italienische Toilette besuchen. Wir bitten sie, sich während des Aufenthaltes in dieser Einrichtung still und gesittet zu verhalten.«* Großes Gelächter, Situation entschärft. Calstora Sud (Rastplatz) ging es raus und ab auf die Toilette.
Um 18:20 Uhr fuhren wir weiter. Bis Caorle noch 87 km. Etwas mehr als eine Stunde Fahrzeit.
Stau! Aus einer Stunde wurden zwei. Um 20:15 Uhr endlich Ankunft im sonnigen Ferienort Caorle.
Auf dem Weg zum Campingplatz quittierte dann der gewechselte Reservereifen seinen Dienst und entschloss sich zu platzen. Wahrscheinlich vor lauter Wut über die irrsinnige Fahrt bis hierher.
In 200 Metern Entfernung war eine noch geöffnete Tankstelle. Mit Händen und Füßen, dem deutsch-italienisch Wörterbuch und der unendlichen Geduld eines freundlichen Italieners wurde folgendes vereinbart: Er repariert den Reifenr, wenn ich ihn innerhalb der nächsten halben Stunde vorbeibringe. Also noch mal alles aus dem Kofferraum, denn der

alte Reservereifen war sich nicht mehr zu richten.
Meine Frau lief mit den Kindern schon mal zum Campingplatz, der nur 300 m entfernt war.
Dann ging alles sehr rasant. Der freundliche Tankwart hatte seinen Sohn geschickt, der mir half, den Reifen aus dem Kofferraum zu holen. Das montierte Reserverad nahm er auch mit.
Um 21:45 war alles repariert. Der Originalreifen bekam einen neuen Schlauch und der Reservereifen einen Nagel gezogen. 84 DM musste ich bezahlen. Das war ein sehr fairer Preis.
Als ich zum Campingplatz kam, hatte meine Frau das Prozedere mit dem Einchecken bereits erledigt und zwei Kaffe für uns besorgt.
»Wir müssen noch das Zelt aufbauen,« drängte ich, denn es war bereits 22:00 Uhr. *»Bleib ruhig,«* entspannte meine Frau die Situation. *»Wir haben unwissend mit festem Zelt gebucht, das heißt, dass das Zelt vom Campingplatzbetreiber gestellt wird und bereits steht.«* Das war die beste Ansage des Tages!
So hatten wir nur noch unsere Sachen einzuräumen und uns gemütlich einzurichten.
Nach 10 Tagen mussten wir mit Sohn 2 ein weiteres Mal ins Krankenhaus, um die Fäden ziehen zu lassen. Mit der Aussicht auf eine

Portion Gelato con Cotta (Eis mit Sahne) ging aber auch das ohne größere Komplikationen vonstatten.
Wir verbrachten 14 herrliche Tage in Caorle.

Die Heimfahrt verlief im Vergleich zur Anreise fast langweilig.

Wir waren glücklich, ohne Pannen und gesund zu Hause angekommen zu sein.

Wer sagt das?

Es gibt so viele Zitate, Aphorismen und Aussagen von berühmten und prominenten Menschen. Wenn Sie jemand sind, der auch mal ein Buch in die Hand nimmt, begleiten Sie diese Sprüche ein Leben lang.
Sollte es sich dabei um echte Lebensweisheiten handeln, ist es nicht verkehrt, diese für sich auch zu nutzen.

»Wege entstehen dadurch, dass man sie geht.«
Das sagte mal Franz Kafka. (Schriftsteller)

Ich finde diesen Satz prägend für meine eigene Lebensentwicklung. Stets habe ich alles darangesetzt, meinen Weg zu gehen, um für mich erfolgreich zu sein. Das hat nicht unbedingt mit Geld zu tun. Es gibt viele Dinge, die mir wichtiger sind: Glück, Zufriedenheit, Frieden und Freundschaften auf Augenhöhe. Dazu gehört auch ein bisschen Fantasie und Einfühlungsvermögen. Toleranz und Respekt sind weitere Bausteine, die man haben kann. Damit kommt man schon ein Stück weit in seinem Dasein.

Albert Einstein hat mal geäußert:
»Fantasie ist wichtiger als Wissen, denn Wissen ist begrenzt.«
So denke ich auch. Was nützt mir mein Wissen, wenn ich an Grenzen stoße, sich Schwierigkeiten ergeben. Ohne Fantasie ist hier der Weg erst einmal zu Ende.

Booker T. Washington, amerikanischer Bürgerrechtler, bestätigt dies mit seiner Aussage deutlich.
»Der Erfolg ist nicht danach zu beurteilen, was ein Mensch im Leben erreicht, sondern nach den Hindernissen, die er auf dem Weg zum Erfolg überwunden hat.«

Konfuzius meinte dazu schon 500 Jahre vor unserer Zeitrechnung.
»Es ist nicht von Bedeutung, wie langsam du gehst, solange du nicht stehen bleibst.«

Das hilft mir noch heute, Projekte bis ans Ende zu verfolgen und stets weiter daran zu arbeiten. Konfuzius meint nicht nur für mich.
»Der Weg ist das Ziel.«

Auch Leonardo da Vinci ließ sich auch nicht bremsen. Er schrieb den klugen Satz:

»Hindernisse können mich nicht aufhalten, Entschlossenheit bringt jedes Hindernis zu Fall.«

Wir würden heute noch im Dunkeln tappen, wenn Thomas Alva Edison nicht an seine Maxime geglaubt hätte.
»Unsere größte Schwäche liegt im Aufgeben. Der sichere Weg zum Erfolg ist immer, es doch noch einmal zu versuchen.«

Walt Disney, amerikanischer Trickfilmzeichner und Filmproduzent, war da deutlich entspannter.
»Alle Träume können wahr werden, wenn wir den Mut haben, ihnen zu folgen.«

Es gibt noch Hunderte solcher Weisheiten, die uns in der Bewältigung unseres Lebens unterstützen können. Auch lustige Dinge, die typisiert wurden sind immer wieder zu hören. Sie stammen nicht von mir, ich habe sie beim Lesen entdeckt und gebe sie gerne weiter:

Dieses Jahr gibts keine Neujahrsvorsätze, ich hab die vom letzten Jahr noch nicht befolgt.

Single bleiben, dick werden und arm sein. Da immer das Gegenteil eingetreten ist, sollte das dieses Mal funktionieren.

Mein Lieblingswintergemüse ist auch dieses Jahr wieder die Marzipankartoffel.

Ich hab' zum ersten Mal selbst Lebkuchen gebacken. Wir hatten noch nie so leckere Türstopper.

Ein 3-Jähriger hatte ein T-Shirt an, auf dem geschrieben stand: »Der Weihnachtsmann existiert nicht, aber das ist okay, denn ich kann nicht lesen.

Ich mag Leute mit denen auch total sinnlose Unterhaltungen Sinn machen.

Wisst ihr noch, als ins Bett gehen eine Strafe war? Wie dumm wir waren.

Warum heißt es eigentlich Schönheitsschlaf, wenn wir beim Aufwachen sowieso alle aussehen wie Trolle?

Wenn deine Augen nach dem Kaffeetrinken morgens wehtun, solltest du den Löffel aus der Kaffeetasse nehmen.

Das Reh springt hoch, das Reh springt weit. Warum auch nicht, es hat ja Zeit.

Das Stolpern lernt der Mensch von Fall zu Fall.

Das Einzige, was mich hier noch hält, ist die Erdanziehung.

Der liebe Gott weiß alles, die Nachbarn noch viel mehr.

Dass ich in Französisch träume, stört mich nicht. Mich nerven nur die deutschen Untertitel.

Der schönste Spruch kam jedoch von meiner Freundin. Als sie in ihren Kühlschrank blicke und feststellte, dass irgendwas komisch muffelte, sagte sie:

»Der Käse hat die Zeit genutzt, um sein Verfallsdatum zu überschreiten.«

K0235/20/05/2017

Foto: Polina Tankilevitc

Sag mir, wie der Winter wird

Eine Geschichte, die ich nicht selbst erlebt habe. Aber auf einem Bauernhof in der Lüneburger Heide erzählt man sich heute noch diese lustige Version der Wettervorhersage und führt sie auf einen Bauern in der Region zurück.
Wir nennen den Bauern Bockl und die Geschichte ging so:
Bockl hatte sich verkalkuliert und für eine in Planung steckende Biogasanlage fast sein gesamtes Land für den Anbau von Mais aufbereitet. Er freute sich auf den Profit, denn die in Aussicht stehenden Abnahmemengen und der Preis würden viel Geld in seine Kasse spülen. Er hegte und pflegte seinen Mais über viele Wochen und rieb sich die Hände, wenn er von der Arbeit aus den Maisfeldern nach Hause fuhr.
Oft führte ihn sein Weg vom Feld direkt zu Hans, einem ehemaligen Landwirt, der schon über 95 Jahre alt war und längst keine Landwirtschaft mehr betrieb. Hans hatte die Fähigkeit, die Wetterlage der nächsten Wochen vorher zu sagen. Auf ihn war Verlass, wenn es darum ging, Vorkehrungen zu treffen, um die Ernte vor Hagel oder Unwetter zu schützen.

Als Bockl eines Tages nach Hause kam, fand er einen Brief vor in dem stand, dass der Bau der Biogasanlage gestoppt wird. Ein Fund bei der Aushebung eines Fundamentes hatte das archäologische Institut auf den Plan gerufen.
Bockl wusste nicht, was er nun machen sollte. Sein Viehbestand war nicht groß. Er müsste sich 450 Jahre jeden Tag mit Popcorn ernähren, um den Mais loszuwerden. Wenn es sich denn um Popcornmais handeln würde.
Es war bereits Ende Juli. Den Mais auf dem Weltmarkt verkaufen? Undenkbar, der Preis würde die Kosten nicht decken. Er müsste weit darunter verkaufen.
Der Familienrat wurde einberufen. Jeder machte Vorschläge, aber so richtig zufrieden war Bockl mit keiner der Lösungen.
Er entschloss sich nun, große Flächen seines Waldes abzuholzen. Der Holzpreis war gut und Abnehmer ließen sich bei den privaten "Häuslebauern" sicherlich finden. Wo doch jeder einen offenen Kamin und einen Kohleofen im Haus hatte.
Aber wo das Holz anbieten? Bockl wollte keinesfalls, dass seine Fehlplanung bekannt werden würde.

Nein, das dürfte nicht geschehen. Eine Bloßstellung wäre das, eine "gottvermaledeite" Blamage.
Die Leute würden sich das Maul zerreißen. Er, der große Bockl, hatte sich verrechnet. Zu beknackt zum Planen. Das würde ihn für alle Zeiten zum "dummen Bauern" machen.
Bockl handelte. Er inserierte in Zeitungen und Wochenblättern, weit weg von seinem Dorf, bis in die Landkreise Celle und Uelzen.
Er fällte die Bäume ganz im Osten seines Waldgebietes, damit es nicht so auffiel, denn es waren große Mengen, die er abholzen ließ.
Er selbst war meist auf dem Hof, zeigte sich im Dorf und in der Dorfgaststätte. Keiner sollte Verdacht schöpfen. Seine drei Söhne hatten allesamt Urlaub genommen und die Abholzung schnell vorangetrieben.
Fragen von Bauern wich er geschickt aus, indem er auf eine Bauholzbestellung der Bundes-Autobahn-Gesellschaft verwies.
Nach zwei Wochen waren auch schon die ersten Bestellungen von Kaminholz eingegangen. Über 200 Leute hatten geordert. Bockl freute sich, doch noch Gewinn für dieses Jahr verbuchen zu können. Seine Zufriedenheit nahm mit den neuen Aufträgen immer mehr zu.
Nach drei Wochen bat er seinen Cousin, bei Hans nachzufragen, wie denn der Winter wird. Er soll ihn aber nicht mit seiner Anfrage in

Verbindung bringen, sondern Hans in ein Gespräch verwickeln, um die Wetterlage für den Winter zu erfahren.
Der Vetter kam bald wieder zu Bockl um zu berichten:
»Hans hat gesagt, es würde einen fürchterlich kalten Winter geben. Wir haben mit viel Schnee zu rechnen.«
Das beruhigte Bockl dermaßen, dass er eine Flasche Schnaps öffnete, um mit seinem Cousin kräftig anzustoßen.
Nach dieser überraschenden Neuigkeit bat er seine Söhne, noch mal zuzulegen und die Holzmenge zu verdoppeln.
Die Holzbestellungen gingen weiter, endeten aber nach fünf Wochen abrupt.
Bockl beauftragte seinen Cousin, Hans ein zweites Mal zu befragen. Als er zurückkam, war Bockl schon gespannt.
»Immer noch die gleiche Vorhersage, viel Schnee und kalt. Ich hab' ihn auch gefragt, woher er das so genau weiß.« Bockl hakte neugierig nach: »Na, woher weiß er es denn?«
Der Cousin stockte und wollte nicht so recht mit der Sprache raus.
Bockl holte den Schnaps und nach fünf Stamperl kam der Vetter in Redefluss:

Also der Hans, der weiß das, weil du ein Viertel deines Waldes abgeholzt hast und ständig Leute auf deinen Hof kommen, um Brennholz zu kaufen.

Andere Länder, andere Sitten

Im September 1997 machte ich mit meiner Frau eine Ägypten-Reise. Wir hatten eine 200 km lange Nilkreuzfahrt von Luxor nach Assuan, gebucht. Vom Flughafen Luxor ging es mit dem Bus zu den Anlegestellen der Kreuzfahrtschiffe. Lustig war, dass man oft durch drei oder mehr Schiffe laufen musste, um sein schwimmendes Domizil zu erreichen.

Nach dem Einchecken und einer kurzen Unterweisung durch das Bordpersonal unternahmen wir einen kleinen Ausflug in die größte oberägyptische Stadt Luxor.

Überwältigend waren für mich die vielen Gewürze, die es dort zu kaufen gab. Die Aromen der verschiedensten Kräuter und Gewürze schwebten wie ein Geruchsnebel dem Markt. Wir erstanden ein Päckchen Safran. Der Verkäufer war fast ein bisschen beleidigt, weil wir nicht handeln wollten. Das erkannte ich schnell und zwang ihn mit dem Preis kräftig in die Knie.

Nach unserem kurzen Ausflug machten wir uns wieder auf den Weg zum Kreuzfahrtschiff.

Erneut mussten wir durch vier andere Motorschiffe hindurch bis zu unserem "Kahn".

Auf dem Deck des Schiffes gab es eine Bar und einen kleinen Pool. Wir nahmen einen Trink. Anschließend gingen wir in unsere Kabine um uns frisch zu machen für das Abendessen.

Die Kabine war nicht sehr groß, aber ziemlich "Luxor-iös".
Ein schönes Ritual war, dass sich der Zimmerservice täglich etwas einfallen ließ, um die Gäste zu amüsieren. Einmal kam ich in unsere Kabine und stellte fest: Jemand liegt in meinem Bett! Tatsächlich war es eine aus Handtüchern und Kissen geformte Person, die meine Schuhe trug und eines meiner Bücher las.

Wir unternahmen mehrere Ausflüge rund um Luxor: Karnak-Tempel, Luxor-Tempel und Tal der Könige. Hier kam es zwei Monate später, am 17.11.1997 zu einem Terroranschlag der islamistischen Sunniten, bei dem auch mehrere Dutzend Touristen getötet wurden.

Das Schiff fuhr meistens in der Nacht. Jeden Morgen nach dem Aufstehen lag es an einer anderen Stelle des Nils vor Anker. So konnten wir nach dem Frühstück immer wieder Neues entdecken.

Ägypten präsentierte sich als freies Land, obgleich wir nur bestimmte Regionen und Städte besuchen konnten. Auch innerhalb der Städte wurden den Touristen nur Dinge gezeigt, die für das Land werbewirksam waren.
Eine Neubausiedlung zum Beispiel. Häuser mit vier Stockwerken, am Rand der Wüste gebaut. Fenster braucht man wegen der Hitze nicht. Oder koptische (christliche) Kirchen, die eine Demonstration des friedlichen Zusammenlebens vermitteln sollten.

Wir besichtigten Tempel um Tempel. Die Reise war ein einziger Geschichtsunterricht. Mir fehlte es ein bisschen an Spannung, die ich aber bald bekommen sollte.

Für die Ausflügen standen Autobusse an den Anlegestellen bereit. Klimatisierte Busse, die ein wohliges Reiseerlebnis garantierten. Was aber auch bedeutete: Angenehme Kühle und immer wieder den Wechsel in unerträgliche Hitze.
Bei der Rückkehr zum Anlegeplatz des Schiffes wurde immer wieder darauf aufmerksam gemacht, dass es besser sei, erst einen warmen Tee zu trinken, bevor man sich mit kalten Getränken erfrischte.

Es hörten nicht alle darauf, auch meine bessere Hälfte nicht. Munter trank sie dann erst mal ein großes Glas Cola mit Eiswürfeln.

Allen Warnungen zum Trotz machte sie es immer wieder. Ein paar Tage später bekam sie die Quittung. Sie war schon nachts mehrmals aufgestanden und auf die Toilette gegangen. Montezumas Rache hatte voll zugeschlagen und zwang sie immer wieder auf die Schüssel. Dazu bekam sie auch noch ihre Tage und Schmerzen im Unterleib.
Der Besuch beim Schiffsarzt brachte ihr etwas Linderung durch Medikamente. Sie hatte auch eine schriftliche Verordnung bekommen. Ein Zettel, auf dem eine Medizin stand, die aber leider nicht an Bord war. Dazu noch die Anweisung, für zwei Tage im Bett zu bleiben.
Zu allem Übel gingen dann auch noch die Tampons aus. Eine Umfrage bei den weiblichen Mitreisenden kam für mich nur als letzte Konsequenz infrage.

Einer der Deckoffiziere meinte, dass ich abwarten sollte, wie lange wir am Assuan-Staudamm für das Schleusen benötigen würden. Hier bestünde die Möglichkeit, von

einer Ankerstelle aus eine Apotheke zu erreichen.
Es war später Vormittag. Ich saß auf Deck an der Bar, trank einen Kaffee und wartete.
Der Schiffsführer gab mir grünes Licht und besorgte mir eine Dschallabija (ähnlich einem Kaftan). Die sollte ich tragen, um nicht als Tourist aufzufallen, weil hier doch sehr wenig Fremde von Bord gehen würden.
Auch meinen Schmuck und meine Uhr sollte ich ablegen, um keinen Anreiz für einen Überfall zu bieten. Es wurde auch geraten, nicht mehr wie umgerechnet 15 DM dabeizuhaben.
Außerdem meinte der freundliche Deckoffizier, dass ich ohnehin leicht als Araber durchgehen würde, weil ich so dunkel gebräunt war.
Kurz vor Assuan ankerte das Schiff an üblicher Stelle. Kleine Kähne schipperten bis an den Nilkreuzfahrer heran, um den Passagieren Waren feilzubieten. Sie warfen die Erzeugnisse zur Prüfung des Angebots einfach zu den Touristen hoch und diese warfen die Sachen oder Geld zurück.
Ein kleines Schlauchboot brachte mich ans Ufer. Jetzt musste ich nur noch eine etwa 300 m lange Gasse bis zur Hauptstraße hochlaufen. Gegenüber sollte gleich die gesuchte Apotheke

sein. Der Deckoffizier hatte es mir genau beschrieben.

Links und rechts der Gasse standen kleine Häuser mit Holzfensterläden, die wegen der Hitze geschlossen waren.
An einem der Häuser waren sie offen, auch hier gab es keine Scheiben. So konnte man direkt ins Zimmer blicken.
In der Gasse traf ich nur einen einzigen Ägypter. Er grüßte freundlich und ich antwortete mit den durch den Offizier antrainierten Worten.
»Ählam wa sabah(Hallo)«, meinte der Fremde und blickte mich mit dunklen Augen an.
Ich sagte: »Ähla sabah (Guten Tag)», und lächelte dabei. Wohl war mir nicht. Der Fremde - wer war jetzt eigentlich der Fremde? Er interessierte sich nicht weiter für mich und ging seiner Wege.

50 m vor der Hauptstraße hörte ich Rufe aus einem Lautsprecher. Jemand schien etwas bekannt zu geben. Danach Musik, arabische Klänge. Ich ging weiter. Plötzlich sah ich Reiter, die an der kleinen Gasse vorbeiritten. Dann wieder eine Ansage. Ich konnte natürlich nichts verstehen.
Wieder ein Reiter, diesmal mit einer Machete in der Hand. Jetzt wurde es mir mulmig. Ich

bekam Magenkribbeln und ging langsamer. Was da wohl kommen würde.
Als ich an der Hauptstraße ankam, sah ich überall Menschen stehen, viele Menschen.
Nicht Hunderte, nein, es waren bestimmt
2 000 Menschen, die die lange breite Straße säumten und einem Schauspiel grausamster Art beiwohnten:
Im Abstand von circa 40 Metern waren Seile quer über die Fahrbahn gespannt. Ich konnte die Straße ein großes Stück weit einsehen.
An den Seilen waren Lämmer aufgehängt, lebende Schafe. Sie schrien und zappelten an den Stricken. Die Tiere hingen mit dem Kopf nach unten. Sie wehrten sich nach Kräften, aber zwecklos.
Begleitet vom fanatischen Gejohle des Volkes ritten Reiter unter den Lämmern hindurch und schnitten mit Säbeln die Köpfe vom Rumpf der Tiere.
Das Blut lief aus den offenen Hälsen auf die Straße. In den Straßenrand ergoss sich ein blutiges Rinnsal. Das Volk bejubelte jeden Tropfen Blut, das es an Kleidung und Körper abbekam mit noch lauterem Geschrei. Menschen rannten zu den abgeschnittenen Köpfen der Tiere, um sie in Tüten zu packen und mitzunehmen.
Für mich als Tierschützer und Europäer ein furchtbares Erlebnis. Ich war starr vor Angst,

wollte nicht auffallen. Trotzdem konnte ich es nicht vermeiden, mich auf die Straße zu übergeben.
Die Menschen waren von dem blutigen Schauspiel so gefesselt, dass sie mich gar nicht wahrnahmen.

Ich brauchte ein paar Minuten, um mich zu fangen. Etwa 30 Meter die Straße runter sah ich die Reklametafel der Apotheke.
Ich drängte mich durch die Menge, die mich nicht bemerkte und sich ihrem rituellen Schlachtfest hingab.

Als ich die Apotheke betrat, herrschte plötzlich Stille. Verwundert über die fast europäische Ausstattung des Geschäfts ging ich direkt auf einen Herrn im weißen Kittel zu.
Er trug ein Namensschild an der Brust, arabisch. Ich versuchte mich in Englisch und mit Händen und Füßen zu erklären, reichte dem Apotheker den Zettel des Schiffsarztes und redete mich fast um den Verstand. Da sagte er beruhigend: »Du kannst Deutsch reden, ich bin aus Hamburg.«
Das entspannte meine Lage natürlich sofort. Was diesen jungen Menschen dazu brachte, ausgerechnet in einer ägyptischen Apotheke zu arbeiten, ich weiß es bis heute nicht. Vielleicht ein Praktikum oder Reiselust, verbunden mit

dem Wunsch Geld verdienen. Letztlich war es mir auch egal, Hauptsache Hilfe.
Nun ging alles rasant. Zunächst klärte mich der "Pharmazeutiker" über das für mich so brutale Ritual auf und meinte, dass ich mir keine Sorgen machen müsse.

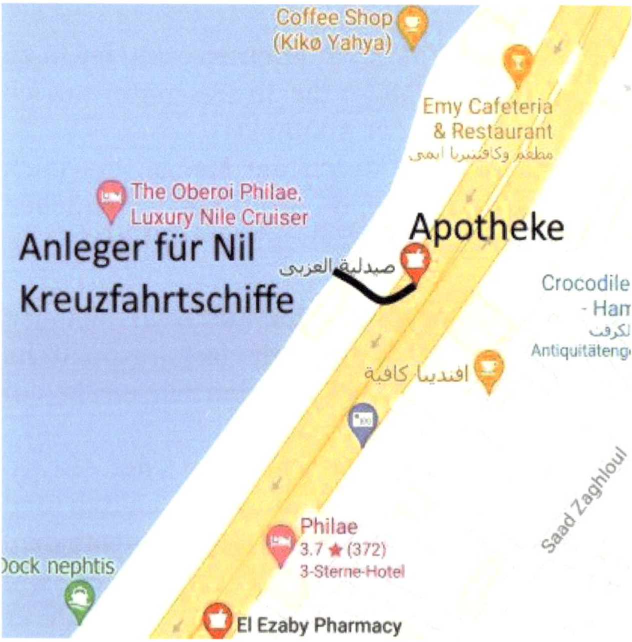

Dann suchte er die verlangten Artikel zusammen und gab sie mit dem Medikament in eine Tüte.
Als ich gehen wollte, stellte er mir einen Mann vor, der mich zum Schiff zurückbegleiten würde. Dafür sollte ich dem Begleiter 50

ägyptische Pfund geben (kleine Summe unter 3 DM).
Der Mann war in diesem Viertel von Assuan sehr bekannt und für mich so eine Art Retter.

Als wir auf die Straße kamen, wurden wir von allen Seiten begrüßt. Einige Leute riefen sogar über die Straße. Plötzlich machte das Gefühl der Angst Platz für Sinneswahrnehmungen, die mir diesen Ort direkt gemütlich vorkommen ließen.

Ich gab dem arabischen "Schutzengel" zweihundert ägyptische Pfund. Das war es mir wert. Er wollte es zunächst gar nicht annehmen. Wir unterhielten uns noch eine ganze Weile auf Englisch, während ich auf das Schlauchboot wartete, das mich wieder an Bord brachte.

Meine Frau erwartete mich schon sehnsüchtig.

Mit diesem schrecklichen Abenteuer hatte ich noch mehrere Tage zu kämpfen.

Die kleine Ausreißerin

Kempten im Allgäu. Weihnachten 1986.
Schnee, minus 10° C, 17:00 Uhr Nachmittag.
Feneberg-Center, Ursulasried.
Protagonisten:
Die Autorin, 29 Jahre (Damals noch Mann und Vater)
Tochter Tanja, 2 Jahre und 3 Monate.
Circa 20 Polizisten der Polizeidirektion Kempten im Allgäu.
Etwa 50 Kunden von Feneberg.
Mutter Margit, 26 Jahre
Oma Herta aus Weidach/Durach.
1 Polizeihubschrauber.

Feneberg, Ursulasried war unser größtes und damals modernstes Einkaufscenter. Kurz vor Weihnachten hatte ich mich entschlossen, eine kleine Tisch-Kreissäge für meine Holzarbeiten anzuschaffen.

Es war 14 Uhr, als ich mich mit Tochter Tanja auf den Weg machte. Meine Frau war noch bis 15 Uhr arbeiten, wusste aber über unser Vorhaben Bescheid.

Natürlich war kurz vor Weihnachten viel los in den Kaufhäusern. Bevor ich die Rolltreppe zum

Bauhaus hochfuhr, hatte ich mit der Kleinen bereits einige Wühltische durchstöbert.
Tanja hatte richtig Freude an den vielen bunten Gegenständen mit Engelchen, Weihnachtsmännern, Sternen und Rentieren. Ich kaufte auch einen kleinen Stoffweihnachtsmann, den ich ihr in die Hand drückte.
Im Bauhaus habe ich dann die Säge erstanden und mich mit unserem Zwerg wieder auf den Heimweg gemacht. Wir hatten ungefähr 8 km zu fahren.
Zu Hause angekommen war es 15 Uhr 30. Meine Frau Margit war inzwischen von der Arbeit zurück. Sie bot mir an:

»Lass doch d' Föhl bei mir und bring dia Säga in dr Kellar. I mach uns derwiel an Kaffee.«
(Lass doch die Kleine bei mir und bring die Säge gleich in den Keller. Ich mache uns in der Zwischenzeit eine Tasse Kaffee.)

Ich packte die Säge gleich aus und stellte fest, dass ein Teil fehlte.
Wieder in der Wohnung erwähnte ich, dass ein Stück der Mechanik nicht in der Verpackung war..
Mei Wieb hod dann gmeud:

»Dann fahr mit dr Föhl glie zruck, des dauert ja it long. Na, kann i no schnell zur Muttr ningschaua.«

(Meine Frau meinte dazu: Dann fahr doch mit der Kleinen gleich noch mal zurück. Das dauert nicht so lange. Ich gehe in der Zeit schnell zur Mama rein.)

Also steckte ich Tanja noch mal in den Anorak und machte mich erneut auf den Weg zu Feneberg. Es war jetzt 17:00 Uhr und es wurde bereits dunkel.
In der Werkzeugmaschinen-Abteilung suchte ich nach einem Verkäufer. Ich sah ihn drei Regale weiter hantieren.
Die Kleine hatte ihren Stoffweihnachtsmann in der Hand, saß am Boden und spielte mit ihm. Ich sah sie an und meinte: ***»Tanja bleibsch do sitza, dr Papa kommt glie wieder, hosch ghört, it weg lofa.«***

(Tanja, bleib hier sitzen. Der Papa kommt gleich wieder. Hast Du gehört, nicht weglaufen.)
Ich ging zum Verkäufer und erklärte das fehlende Montageteil. **»Des nehma ma von am anderer Kartong rüs. I bie glie bei ähna.«**

(Das nehmen wir aus einer anderen Verpackung heraus. Ich bin sofort wieder bei Ihnen.)

Das Ganze dauerte eine Minute. Der Verkäufer brachte mir das Teil. Ich verabschiedete mich und wollte Tanja von ihrer Spielstätte abholen. Das Einzige, was ich vorfand, war der Stoffweihnachtsmann. Von Tanja keine Spur.
Da schossen mir sofort finstere Edgar Wallace Filme durch den Kopf. Ich suchte die umliegenden Gänge ab, fand die Kleine aber nicht und wurde immer nervöser.
In der Allgäuer Zeitung war zur damaligen Zeit von einem Kinderschänder berichtet worden. Ich fühlte nur noch Angst. Fing an zu schwitzen.
Dann trat ich eine Aktion los, wie sie Kempten in den letzten Wochen wegen des Kinderfummlers schon mehrmals erlebt hatte.
Zuerst bat ich den Verkäufer, mich zur Geschäftsleitung zu bringen. Dort habe ich darum gebeten Tanja auszurufen. Was dann alles geschah, das berichte ich auf den nächsten Seiten.
Es war schlimmer als es sich liest. Meine unglaubliche Angst war ein gewaltiger Antrieb.

17:30 Uhr	Verkäufer um Hilfe gebeten.
17:35 Uhr	Durchsage im ganzen Center.
17:40 Uhr	Anruf bei meiner Frau.
17:45 Uhr	Anruf bei der Polizei.
17:55 Uhr	Polizei trifft ein. (20 Beamte)
18:05 Uhr	Meine Frau kommt mit Schwiegermutter.
18:15 Uhr	Meine Frau findet mich.
18:30 Uhr	20 Polizisten, meine Frau, meine Schwiegermutter und 50 Kunden des Feneberg-Center suchen, rufen ständig Tanja, stellen alles auf den Kopf.
18:40 Uhr	Polizei ruft Hubschrauber zu Hilfe.
18:55 Uhr	Wir hören den Hubschrauber kreisen. Mit Scheinwerfern sucht er den nahe gelegenen Wald ab.
19:15 Uhr	Margit und ich liegen uns in den Armen, weinen, suchen weiter.
19:30 Uhr	Tanja wird endlich gefunden. Sie kriecht aus einem Indianer Tipi in der Spielzeugabteilung.
19:35 Uhr	Lautsprecherdurchsage: Kleine Tanja gefunden. Wir danken für ihre Mithilfe.

19:40 Uhr	Meldung an die Polizei im Außenbereich, Aufnahme unserer Personalien.
19:50 Uhr	Alles vorbei, Ruhe…

Entspannung kehrte ein und wir gingen mit unserer süßen Tochter nach Hause. Tanja wusste gar nicht, was geschehen war. Sie wollte ein Indianerzelt vom Christkind haben.
Meine Frau, die Oma und ich hatten den schwersten Tag des Jahres, aber auch das größte Glück des Lebens erlebt.

Mehr kann sich ein Mensch nicht wünschen!

Nachwort

Liebe Leser*innen,
die in diesem Buch beschriebenen Erzählungen sind wahre Geschichten. Die Erlebnisse liegen zum Teil 40 Jahre und mehr zurück. Namen und Personen können von der Wirklichkeit abweichen. Ich führe seit vielen Jahren Tagebuch, manche Dinge sind aber auch hier nicht mehr genau nachzuvollziehen.
Wenn Ihnen die Geschichten und dieses Buch gefallen haben, finden Sie auf meiner Seite https://www.irisschuster.de bestimmt noch mehr Lesestoff.
Gerne dürfen Sie auch einen Eintrag in meinem Gästebuch hinterlassen. Ich würde mich sehr darüber freuen.

Danksagung

Besonderen Dank möchte ich an meine Lektorin und liebe Freundin Heidi Fröhmert richten. Mit viel Geduld und liebevoller Arbeit hat sie mich bei diesem Buch großartig unterstützt.

Inhalt